U0918370

本书得到了教育部人文社会科学规划基金项目
“基层政府财政能力、异质性偏好与农村公共物品供给机制”
（编号：11YJA790028）的资助

中国均等化财政转移支付制度研究

陈旭佳 著

Zhongguo Jundenghua Caizheng Zhuanyi Zhifuzhidu Yanjiu

中国社会科学出版社

图书在版编目(CIP)数据

中国均等化财政转移支付制度研究／陈旭佳著．—北京：中国社会科学出版社，2014.6

ISBN 978－7－5161－4389－6

Ⅰ.①中…　Ⅱ.①陈…　Ⅲ.①财政转移支付—转移支付制度—研究—中国　Ⅳ.①F812.45

中国版本图书馆 CIP 数据核字(2014)第 126190 号

出 版 人　赵剑英
选题策划　田　文
责任编辑　吴连生
责任校对　韩天炜
责任印制　王　超

出　　版　中国社会科学出版社
社　　址　北京鼓楼西大街甲 158 号（邮编 100720）
网　　址　http://www.csspw.cn
　　　　　中文域名:中国社科网　　010－64070619
发 行 部　010－84083685
门 市 部　010－84029450
经　　销　新华书店及其他书店

印　　刷　北京君升印刷有限公司
装　　订　廊坊市广阳区广增装订厂
版　　次　2014 年 6 月第 1 版
印　　次　2014 年 6 月第 1 次印刷

开　　本　710×1000　1/16
印　　张　11
字　　数　202 千字
定　　价　35.00 元

凡购买中国社会科学出版社图书,如有质量问题请与本社联系调换
电话:010－84083683

序

陈旭佳同志告诉我，他的专著《中国均等化财政转移支付制度研究》即将在中国社会科学出版社出版，并诚邀我为之写一篇序言。看到我们社科院年轻的科研人员在学术上不断进步，我深感欣慰，自然也非常乐意向读者推介这本书。

西方财政均等化理论认为，转移支付制度作为一种协调各级政府间权责关系的再分配制度，对财力弱小的地方提供财政资金支持，使其拥有足够财力提供标准化的公共服务，确保无论居民位居何处均能享用均等化的公共服务。近些年来，中央在推行财政体制改革的同时，不断加大对地方转移支付的财政支持：2013 年中央对地方转移支付资金安排为 43804 亿元，比 2008 年增长 1．34 倍，5 年平均增长 26．8%。可以预见的是：大规模的转移支付资金有助于纠正中央以下各级政府财政能力失衡问题，但在接受中央转移支付资金后，一个同样值得关注的问题是：地方政府公共物品供给均等化程度究竟是怎样的？财政能力均等化是否能够带来公共物品供给均等化？以上两点构成本书主要的研究内容。

1994 年分税制改革虽明确了中央和地方各自的财政收入范围，但地方政府的收入来源并没有形成统一的制度规范。财政体制不完善带来的后果是，中央以下各级政府缺乏自主性财源。毋庸讳言，在地方政府公共物品采取自我供给的模式下，地方财力的失衡将导致公共物品供给的不均等。有鉴于此，在基层政府财力匮乏的情况下，建立合理的转移支付制度就成为一种必然选择。正是在这样的背景下，十八届三中全会提出，对于部分社会保障、跨区域重大项目建设维护等中央和地方的共同事权，中央可通过转移支付承担一部分地方事权支出责任，或通过转移支付将部分事权支出责任委托地方承担。事实表明，有效运用转移支付制度能均衡基层政府的财力差异，能够平衡中央以下各级政府间的权责关系。那么，均等化转移支付制度设计应该是怎样的？中国现行转移支付的均等效应究竟如何？转移支付制度改革的具体方案应如何设计？这些问题不能不引起我们的思考。陈旭佳同志立足作为改革约束条件下的现实国情，对我国现有财政体制下均等化转移支付制度的构建问题进行研究，无疑具有非常强的理论价值和现实意义。

通读全书，可以发现陈旭佳同志的这本书具有以下几个方面的特色：

第一，运用“财政均等化”理念研究转移支付问题，研究角度更侧重于社会学视角。国内很多学者对转移支付的研究仅局限在财政学领域，甚至最终将其归纳为一个财政分权或财政体制问题。但是，按照西方经典的财政联邦理论，均等化转移支付制度要按照地方政府居民偏好组合地方政府不同类型的财政收入与地方公共物品供给，以此达到经济资源的最优配置。学者们认为存在最优的均等化转移支付规模，以此矫正由于财政外部性与经济效益所造成在生产要素配置方面的扭曲效应。基于此，陈旭佳同志从均等化转移支付机制的理论根源出发，建立均等化地方政府财政能力模型的理论分析框架，在标准化财政分权经济模型中研究财政能力均衡机制，考虑地方政府财政收入能力与公共物品支出需求在内的双重标准，体现了西方联邦体制下均等化转移支付的设计理念。

第二，提出了一些全新的观点和有价值的政策建议。在本书中，陈旭佳同志提出并论证了“公共服务均等化是中国经济社会转型发展到一定历史阶段的必然结果，完全符合科学发展观的要求；中央通过转移支付不断加大对基层政府公共服务的支持力度，逐渐缩小公共服务在地区和城乡之间的供给差距，逐步实现公共服务的均等化”；“潜在财政能力标准应作为均等化转移支付制度设计中财政能力的测算依据，即从自身税源中取得财政收入的能力；但现行中央转移支付设计却是以地方政府实际取得的财政收入为测算标准，不符合均等化转移支付制度的基本理念，这将导致转移支付在改善财政收入失衡方面的效应逐步趋弱”和“财政能力的均等化未必能带来公共物品的均等化，因为公共物品供给要考虑到政府投入要素成本的影响；现行转移支付制度设计缺少对公共物品供给成本约束的考虑，直接导致转移支付公共物品均等化方面出现均等化效应递减的现象，这应作为未来公共财政体制下转移支付制度改革重点需要解决的内容”等一系列颇有新意的理论观点或政策建议。此外，本书还在地方政府本级财政能力均等化水平考察、地方政府实际财政能力均等化水平考察、中国均等化转移支付制度体系的优化路径等问题上，提出了一些有别于既有研究结论的意见。特别需要指出的是，本书对中国转移支付制度财力均等化效应考察，在对中国现实问题的分析方面更具有一定创新性。

第三，较好地运用了科学的测算方法研究财政学问题。在本书中，陈旭佳同志系统性地运用时间序列泰尔指数测算方法，考察自有财力与实际财力双重标准情况下的政府财政能力均等化程度。在进行实证测算的过程，本书采用“最大化不均等程度测量”的方法，通过研究“最均衡状态到最不均衡状态”、“最不均衡状态到最均衡状态”两种不均等状态的变化模式，测算群组内部不均等的动态变化，以及整体不均等的动态变化，使得测算结果具有更高的科学性；此外，考虑到单项财政能力指标之间的变化并非总是趋于一致，本书还通过基本公共服务不同单项指标之间、单项指标和综合指标之间的动态变化过程进行严谨的比较分析，使测算结果更加可靠。作为本书研究转移支付问题的最大特色，这也在一定程度上弥补了同类研究的不足。

当然，这本书也不可避免地存在一些不足，如未能在现有研究的基础上，建立起一套规范的测算模型，按照目前中国地方政府标准财政收入能力与标准财政支出需求，作为均等化转移支付规模确定的基础，确定中国标准和规范的均等化转移支付规模。当然，转移支付也可能降低一些地方政府拓展财源的积极性，助长依赖思想，等等。相关领域的研究任务仍很重。尽管如此，但瑕不掩瑜，这些都可作为进一步的研究方向深入探讨。

从攻读博士研究生算起，陈旭佳同志已经在这一领域从事了整整六年的科研工作，他在相关的一些理论和现实问题上取得了不少有价值的研究成果，特别是在原来金融系统工作任务繁重的情况下完成这一研究，实属不易。陈旭佳同志是一位勤奋、刻苦的青年研究人员，有着很好的学术潜力，未来还有很大的发展空间，本书的出版就是这种能力和潜力的体现。希望他能够再接再厉，不断有更好的成果问世。

广州市社会科学院党组书记

李江涛

2014 年 4 月

目　录

第一章

导　论

第一节　选题的背景

政府财政能力是影响基本公共服务均等化水平的重要因素之一。毋庸讳言，地方政府在区域之间的经济社会发展存在严重失衡，造成区域之间地方政府财政能力的巨大差距。2010 年上海市人均财政收入[①]高达 20346 元/人，而河南省人均财政收入为 1246 元/人，两者相差接近 16 倍；2011 年上海市与河南省的人均财政收入差距达到了 15 倍，2012 年上海市人均财政收入高出河南省近 14 倍。可以预见的是：在公共服务主要依靠地方政府自我供给的财政体制下，城乡之间和区域之间政府财政能力不均衡问题必然会导致公共服务的非均衡供给。为缩小差距，即使国家在财政转移支付安排上有意识地增加对经济社会发展落后地区的支出，但在整个国家财政经济能力弱小的情况下，公共服务不均等的现实也难以从制度上得到本质的扭转。更为重要的是，这种现象不但违背了公平和社会正义原则，损害弱势群体的利益，而且会进一步扩大区域之间经济社会发展的差距，影响社会稳定和谐发展，削弱中央政府的执政能力。

在城乡区域之间经济社会发展失衡的情况下，中国地方政府间财政能力的不均衡发展的成因是多方面的：（1）地区政府在经济发展

① 人均财政收入指包含地方政府本级财政收入的政府自有财政能力，数据来源于历年《中国统计年鉴》《中国财政年鉴》《中国人口和就业统计年鉴》。

水平、资源禀赋情况、城市化程度、税基规模大小、税源集中度等方面存在的巨大差异，导致了现有政府财政能力在区域和城乡维度的不均衡（尹恒、朱虹，2009）。（2）从区域内部和区域之间对财政能力不均等的贡献程度考虑，中国政府间财政能力的不均等主要来源于地区内部的不均等程度，而非来源于地区之间的不均等程度（尹恒、王丽娟、康琳琳，2007）。（3）从财力空间层面分析，中国地方政府间由于产业结构层次不同、区域性税收优惠政策的独立性、财政包干体制的执行与运作，导致了地方政府间财政能力的巨大差异。（4）从财力结构层面分析，现行财政转移支付体制中增值税和消费税基数返还、所得税基数返还等各种维护既得利益的转移支付形式，也是造成地方政府间财力差距的主要原因（胡德仁、刘亮，2007；江庆，2009；田发，2010）。总而言之，中国财政分权过程中有关地方政府间财政能力分配的制度设计缺陷，是中国地方政府间财政能力非均衡发展的体制根源（陶勇，2010）。

城乡区域政府间财力差距过大，不但会影响国民经济的整体运行效率，还可能引起一系列的社会问题：（1）导致不同地方政府间政府行政能力和公共服务供给方面的差距，而财政能力较弱的地方政府所提供的基础设施、基础教育、医疗卫生和社会保障等公共服务明显不足（尹恒、王文斌、沈拓彬，2010）。（2）税率较高、公共服务水平较低的地方政府将面临着人口资源和生产要素的流失，而地方政府将由此承受额外的经济成本，造成了地方政府经济效率的进一步损失（Buchanan，1950，1952；Flatters et al.，1974）。（3）影响个人福利水平的均等化程度因不同地方政府财政能力的差异而有所不同，有悖于社会公平和社会正义，从而忽略社会弱势群体的利益（尹恒、朱虹，2009）。可以说，地区间的财力差异是地区间经济发展差距的反映，在一定范围有其合理性，但地方政府财政能力差距过大会影响到整体经济社会的协调发展和可持续发展。因此，通过上级政府的转移支付体制安排，可均衡地方政府的财政能力差异性，消除地方财政分权过程中由于人口和生产要素流失所引致的效益损失，从制度上保证了地方政府财政均等（Fiscal Equity）的实现。

所谓财政均等（Fiscal Equity）是指具有相似状况的个人能够获得相等的财政剩余，即每个人从公共物品获得的回报与所承担的税负之差都相等，要求无论居民位居何处均能享用到一致的公共服务，最终实现居民福利水平的均等化（Jeff Petchey，Sophia Levtchenkova，2004）。在财政分权制较为完善的国家，财政均等（Fiscal Equity）主要通过辖区间人口资源和生产要素的流动得以实现，强调的是一种个人福利水平均等的实现，而并非依靠政府的强制性政策才能得以实现（Buchanan，1950）。但对于大多数国家，特别是发展中国家，由于地区间经济发展水平、资源禀赋程度、城市化水平相差较大，人口资源和生产要素不能完全实现自由流动，居民偏好无法通过“用脚投票”机制进行显示，政府无法在这种约束机制下实现公共服务供给的均等。因此，中央政府通过自上而下的财政转移支付制度，弥补地区政府由于自有财政能力不均衡而产生的财力差异，从体制上保证地方政府公共服务均等化的实现，这在诸多国家财政转移支付制度设计中得到了体现：加拿大的财政转移支付制度的主要贡献在于，保证地方政府在发挥全国平均水平财政努力前提下，通过转移支付后地方政府能够提供与全国平均水平相同的公共物品（Smart，2005）。澳大利亚的财政均等化转移支付体系主要侧重于，地方政府实施均等化财政转移支付制度后所拥有的财政能力，能够提供标准化的公共服务，而制度运行的前提条件是地方政府能够发挥相同程度的税收努力程度与拥有相类似的政府运行效率（Searle，2004）。从中央政府层面的角度考虑，实施财政转移支付制度的根本目的在于通过提高政府财政努力程度来实现地方政府财政均等，而地方政府财政均等的实现最终也是为了从制度上保证居民福利水平的均等。换而言之，财政转移支付制度①（Fiscal Transfer System）作为一种协调各级政府间责权关系和利益关系的重要机制，在均衡地方政府财政能力差异、促进地方政府财

① 国务院总理温家宝在第十一届全国人民代表大会第四次会议上的《政府工作报告》中提出：“财政转移支付制度逐步完善，县级基本财力保障机制初步建立……健全财力与事权相匹配的财税体制，清理和归并专项转移支付项目，增加一般性转移支付，健全县级基本财力保障机制。”

政能力均等化方面起到重要的作用。

近年来，随着整个国家财政经济能力的迅速提升，中国政府已经逐渐具备了缩小城乡之间和区域之间公共服务不均等的能力。一方面，在中央政府和地方政府之间客观上存在委托—代理关系的假设下，中央政府可以利用其手中掌握的充足财力，设计合理的财政激励约束机制，促使地方政府财政能力均等化的实现。事实上，由于中央政府能够观测到约束合同执行的结果，如果地方政府能够贯彻中央政府的均等化战略，那么，地方政府就会从中央政府那里得到可观的转移支付资金；相反，地方政府就不能从中央政府那里获得更多的财政支持。另一方面，各地方政府之间的财政能力虽然存在着巨大差异，但无论是经济发达地区还是落后地区，它们自身的财政经济能力都得到了巨大的发展，有利于逐步实现中央政府提出的基本公共服务均等化①目标，进一步提高城乡区域之间政府基本公共服务的均等程度。但不可否认的是，在多级财政体制下，各区域经济发展的不平衡、城乡之间财政能力的经济社会发展现状，成为实现地方政府间财政能力均等化的障碍。这样的国情决定了，在相当长的一段时间内中国政府所追求的财政均等只能是低水平的，而公共服务的覆盖范围也相应是狭窄的。

那么，当前时代背景下到底该进行什么样的制度设计，才能彻底改变中国长期以来存在的区域之间地方政府财政能力的严重失衡？要想对这一问题作出回答，就必须回顾中国转移支付制度历史变迁的发展历程，深入剖析中国均等化转移支付制度在均衡地方政府自有财政能力差异上所起到的作用，提出建立中国均等化转移支付制度所应遵

① 2005年10月11日中共十六届五中全会通过的《中共中央关于制定国民经济和社会发展第十一个五年规划的建议》中首次提出了基本公共服务均等化的概念；此后，2006年10月11日中共中央十六届六中全会通过的《中共中央关于构建社会主义和谐社会若干重大问题的决定》，2007年10月15日胡锦涛的中共十七大报告，2010年3月5日温家宝在十一届全国人民代表大会第三次会议上的政府工作报告，以及2010年10月18日中共十七届五中全会的会议公报，均指出实现基本公共服务均等化的途径在于完善公共财政制度。可见，基本公共服务均等化已成为中国当前经济社会发展的热点问题（安体富、任强，2008）。

循的原则，探讨现有国情下如何完善均等化转移支付制度设计的基本设想。鉴于此，对于中国均等化转移支付制度的研究，构成了本书的研究主题。

第二节 国内外研究现状

财政能力均等化的考察，首先要解决的一个问题是如何界定政府财政能力的范围。理论界对政府财政能力概念的界定主要集中在以下观点：(1) 自有财政能力标准，认为财政能力的考察范畴仅涵盖了地方本级财政收入部分（吴湘玲、邓晓婴，2006；刘亮，2006；张恒龙、陈宪，2007；陶勇，2009）；(2) 实际财政能力标准，认为财政能力的考察范畴应包含地方政府本级财政收入和中央政府转移支付收入两部分（胡德仁、刘亮，2007；尹恒、王丽娟、康琳琳，2007）；(3) 考虑两种财政能力范畴的综合界定，认为财政能力的考察范畴，既包括地方政府实际财政能力标准，也包括地方政府自有财政能力标准（曾军平，2000；刘溶沧、焦国华，2002；李文星、蒋瑛，2002；尹恒、朱虹，2009；卢洪友、贾智莲，2009）。理论界在研究转移支付制度的均等化效应时，倾向于后者。这是由于：其一，如果仅仅研究转移支付制度在实际财政能力的均等化效应，则会忽略政府间自有财政能力的现状，不能深入分析地方政府间财政能力不均等的原因。其二，如果仅仅研究转移支付制度在自有财政能力的均等化效应，则不利于研究中央政府在协调地方政府权责关系中发挥的作用。换而言之，综合运用双重财政能力标准进行考察，更符合研究转移支付制度财力均等效用的实际需求。在政府自有财力与实际财力的双重标准下，曾军平（2000）研究了中国政府间纵向平衡与横向平衡的实际情况，深入分析了分税制改革前后我国转移支付制度产生的经济效应。刘溶沧、焦国华（2002）在重点对我国地区间的财政能力差异进行定性与定量分析的基础上，对现行的财政转移支付制度平衡地区间财力差异方面的调节效应进行了实证评估。尹恒、朱虹（2009）在综合考虑两种财政能力的前提下，利用2000—2005年中国近2000

个农村县的数据，估计现有财政体制和公共财政标准下财力缺口的统计口径，以此作为标准评估我国转移支付体制的财力均等化效益。综合运用双重财政能力标准进行考察，已成为国内理论界研究转移支付制度财力均等效用的主流研究方法之一。有鉴于此，本书对转移支付制度的财政均等化效应研究，将集中于两种财政能力范畴的综合考虑。

其次需要解决的问题是均等化程度的测量标准问题。从已有的文献考虑，目前理论界对财政能力均等化程度的测量工具大致涵盖：泰尔指数（Theil Index）法、基尼系数（Gini Coefficient）法、变异系数（Coefficient of Variance）法。泰尔指数（Theil Index）法主要是在信息熵测量的基础上，考察维度内部和维度之间的非均等化程度对总体非均等化程度的贡献；基尼系数（Gini Coefficient）法主要是通过洛仑兹曲线计算，用于测量不平均分配的收入占全体总收入的百分比；变异系数（Coefficient of Variance）法主要是衡量维度间各观测值标准差与平均数的比值。这些方法最初的用途大都是用来分析收入分配水平差距的，就其原理同样适用于分析财政能力均等化水平。国外学者在研究财政能力均等化水平的问题上，倾向于使用泰尔指数（Theil Index）法进行测量，这是由于：其一，相对于基尼系数（Gini Coefficient）法而言，泰尔指数（Theil Index）法更倾向于考虑测量过程的可分解性①（Decomposability）问题和组群一致性②（Subgroup Consistency）问题（Shorrocks，Foster，1987；McKinley，1989）；其二，相对于变异系数（Coefficient of Variance）法而言，泰尔指数（Theil Index）法更侧重考虑不均等测量中的传导性敏感③（Transfer Sensitivi-

---

① 可分解性（Decomposability）将整体不均等程度视为一个按照人口份额加权平均的组群不均等水平，由此促进了整体不均等按照地区或种族的分解研究（Anand，1983）。

② 组群一致性（Subgroup Consistency）是指如果一个组群的不均等化程度逐步减少，并且其他组群的不均等化程度保持不变，那么整体不均等程度也会相应地逐步下降（Anthony Shorrocks，James Foster，1991）。

③ 作为增强庇古-道尔顿“传导原则”的有效手段，传导敏感性（Transfer Sensitivity）确保均等化测量过程中，更多不均等因素可以在传导过程中逐步降低（Anthony Shorrocks，James Foster，1985）。

ty）问题（Subramanian，2004）。在借鉴国外实证研究的基础上，国内学者也开始运用泰尔指数（Theil Index）法衡量中国地方政府间财政能力的均等化水平。胡德仁、刘亮（2007）通过泰尔指数从空间层面和构成层面对财政能力进行了地区分解和结构分解，分析了中国地方政府财政能力差异的变化趋势及成因。尹恒、王丽娟、康琳琳（2007）利用1993—2003年中国县级地区的财政数据，借鉴泰尔指数法对县级政府财政能力差距进行分析，结果发现中国县级政府财力差距悬殊，财力不均等存在上升趋势。尹恒、王文斌、沈拓彬（2010）利用泰尔指数法分析1993—2005年中国县级地区的财政能力差异，结果发现财力不均等呈现很高的持久性，且这种持久性还呈不断上升的趋势。可以说，综合运用泰尔指数法对我国政府间财政能力水平进行测算，已成为国内理论界研究政府间财政能力差距的主流研究方法之一。

再次需要深入探讨的是研究转移支付制度的财政均等化效应问题。在财政联邦体制下，财政均等化制度的设计基于以下的理念：财政均等化要求无论居民位居何处，均能享用到均等化的公共服务（Jeff Petchey，Sophia Levtchenkova，2004）。通过上级政府安排的转移支付体系，均衡地方政府的财政能力差异，消除财政分权过程中人口和生产要素流动所导致的财政外部性，实现地区公共服务的平衡发展，最终实现居民福利水平的均等化（Boadway，2004）。在借鉴国外研究的基础上，国内理论界也开始研究我国转移支付制度在财政均等化机制中所发挥的作用。王雍君（2006）认为，我国的财政转移支付具有"逆均等化"的作用，这是由于中央政府将转移支付制度作为控制地方政府的政治手段，削弱中央政府推动财政均等目标的运行效果。乔宝云、范剑勇、彭骥鸣（2006）认为，以税收返还和总量转移支付为主要内容的转移支付制度抑制了地方财政的努力程度，由于富裕地区与贫穷地区的地方政府在财政努力行为上存在差异，会弱化财政转移支付制度财政均等化的运行效果。尹恒、朱虹（2009）认为，我国转移支付考虑了公共服务均等化因素，财政转移支付的均等化程度有所改善，为了使县级地区的公共支出达到起码的均衡，最主要的手段只能依靠上级财政，特别是中央财政的转移支付制度。曾红颖（2012）认为，实施均等化转移支付后，各省拥有大体相同的提供标准化基本公共服务的财政能力，对我国东部、中部、西部和东北地区实施转移支付可提高中国基本公共服务均等化的整体水平。刘大帅、甘行琼（2013）认为，在考虑人口流动因素和户籍的福利分配功能之后，现行转移支付制度的均等化效果明显减弱，这是由于现行户籍制度影响力单一、纵向转移支付模式的激励导向所致。上述观点尽管表述各有不同，但有一点共性是：都强调财政转移支付制度在财政均等化方面的运行效果。

国内学者对中国财政均等化转移支付制度的研究已经比较深入，但是也存在重要的缺憾，主要是：第一，已有的使用泰尔指数法研究转移支付制度均等化地方政府财政能力程度问题，仅停留于静态分析框架上的实证评估，忽略转移支付制度财政均等能力测算过程中的动态化推导问题；第二，对转移支付制度财政均等的实证考察，仅局限于财政能力单一标准的考察模式，对不同单项指标之间、单项指标和综合指标之间的内在关联缺乏了解；第三，很多研究都只涉及少数年份，对于连续时间序列的转移支付制度财政均等能力的研究几乎是空白。更为重要的是，大部分文献使用不同数据和方法取得的结论经常相互矛盾，一些深入复杂的问题还亟待解答：例如在测量转移支付制度财政均等能力过程中，如何利用可观测的群组之间不均等动态变化，去测量不可观测的群组内部不均等动态变化，进而得到整体不均等程度的动态变化趋势？如何分析实施转移支付前后，地方政府自有财政能力和实际财政能力不同单项指标之间的动态变化，判断不同单项指标之间、单项指标和综合指标之间所拥有的动态变化趋势是否趋于一致？如何在对转移支付制度财政均等能力进行系统研究的基础上，提出建立中国均等化转移支付制度所应遵循的原则，探讨现有国情下如何完善均等化转移支付制度设计的基本设想？

综合来看，已有的国内外相关研究大多侧重于对现状描述与解释，以及方向性的改革对策，而没有提出一个完整的、均等化转移支付制度的研究框架和解决方案。应当看到，财政转移支付制度均衡地方政府自有财政能力的过程，是在中国特有经济体制背景下产生的，已有的研究无法从长期连续时间序列的维度，考察中央政府实施转移支付前后地方政府自有财政能力和实际财政能力的非均衡性。基于以上判断，本书在描述财政能力均等化水平时，通过时间序列泰尔指数模型，对中央政府实施转移支付前后地方政府自有财政能力和实际财政能力的均等化水平进行系统性测量，通过不同标准下地方政府财政能力不同单项指标之间、单项指标和综合指标之间的动态变化过程进行严谨的比较分析，使实证结果更加可靠，在本书实证检验所得到的基础上提出相应的政策建议。

第三节　研究方法与内容

从写作的逻辑过程看，本书采用了数理统计模型分析和演绎分析为主的经济学分析框架，在界定均等化转移支付制度所涉及的基本概念和基本问题的基础上，依靠这些基本概念为逻辑起点，运用时间序列泰尔指数模型，考察中央政府实施转移支付前后，自有财力与实际财力双重标准下地方政府财政能力的均等化水平，在回顾中国转移支付制度历史变迁的基础上，深入剖析中国均等化转移支付制度，在均衡地方政府自有财政能力差异上所起到的作用，提出建立中国均等化转移支付制度所应遵循的原则，探讨现有国情下如何完善均等化转移支付制度设计的基本设想。

循着以上思路，本书共分为六章，第一章为导论部分，其余五章为主体部分，各章的主要内容分述如下：

第一章为本书的导论部分，主要对本书的选题进行说明，并对已有研究成果进行一些必要的回顾与介绍，对本书的研究方法，内容及主要观点进行比较概略的介绍。

第二章作为本书的逻辑分析起点，将对均等化转移支付制度的一般性基础理论进行探讨。均等化转移支付制度的构建，需要考虑地方政府财政收入能力与公共物品支出需求在内的双重标准，同时需要考虑地方政府提供公共物品成本支出和财政收入约束上的制约。基于以上的判断，研究均等化转移支付体制必须围绕上述基本框架进行。在本章，探讨均等化转移支付制度的一般性理论，主要内容包括：(1) 均等化转移支付制度的理论溯源；(2) 主要理论概念的界定，如财政能力（Fiscal Capacity）、财政均等化（Fiscal Equalization）、财政转移支付制度（Fiscal Transfer System）等基本概念；(3) 均等化转移支付模型的理论分析框架，内容主要包括：均等化转移支付模型的基本假设、财政转移支付资金界定、财政支出成本和财政收入约束条件、财政支出需求和财政收入能力显示、均等化转移支付资金平衡条件、均等化转移支付模型一般化模式等方面的研究。

第三章运用时间序列泰尔指数模型，考察转移支付前地方政府财政能力指标体系的均等化水平。首先介绍本书考察地方政府财政能力均等化水平所使用的基本方法和技术，其次运用上述方法测算转移支付前政府财政能力的均等化现状，假设区域内部不均等达到“最大化不均等程度”的前提下，间接地测算出地方政府财政能力区域内部不均等水平的动态调整指标，再测算出模型中可观测的区域之间不均等水平动态调整指标，在此基础上构造全国地方政府财政能力整体不均等程度的动态调整指标，刻画出地方政府财政能力指标总体不均等、区域之间不均等、区域内部不均等的动态调整过程。

第四章转入对转移支付制度的变迁历程的研究。鉴于中国转移支付制度演变具有明显的“路径依赖”特征，其制度变迁受到特定历史背景影响，本书对新中国成立以来的转移支付制度历史变迁过程进行回顾，研究制度变迁对当前公共财政体制下均等化转移支付制度的影响，大致包括几个大的制度变迁历程：第一阶段，1977 年前“统收统支体制”的转移支付形式；第二阶段，1977—1993 年“财政包干体制”的转移支付形式；第三阶段，1994 年至今的“财政分权体制”转移支付制度。接下来，本书深入考察近年内中国地方政府财力规模和中央政府补助地方政府的整体情况，以及各项分解指标值的演变趋势，对中国地方政府财力规模和中央补助情况形成较为系统性的认识，最后是对中国主要转移支付项目财力均等化效应的一般性分析。

第五章运用时间序列泰尔指数模型，考察转移支付后地方政府财政能力指标体系的均等化水平，构建出转移支付制度均等化地方政府财政能力效应的测算系数，判断中国转移支付制度是否具有明显的财力均等化效应。实际测算过程中，用实施转移支付制度前财政能力指标体系时间序列泰尔指数，来衡量转移支付制度实施前中国地方政府间公共财政能力差距状况，用实施转移支付后财政能力指标体系泰尔指数来衡量实施转移支付后中国地方政府间公共财政能力差距状况，借用实施转移支付前与转移支付后泰尔指数比值绝对值来衡量转移支付制度的动态均等化效果，构造出全国地方政府转移支付制度均等化效用的衡量指标，刻画出转移支付制度在均衡地方政府财政能力指标总体不均等、区域之间不均等、区域内部不均等的均等化指标体系，对中国政府转移支付制度的财力均等化过程形成较为系统的认识。

第六章对本书研究得到的基础性结论进行归纳总结，以此作为基础从财政学角度，寻求适合于中国国情的均等化转移支付制度安排。在笔者看来，均等化转移支付的制度设计必须围绕这样两个基本点：一是在构建公共财政基本框架的战略背景下，如何在配置转移支付资金过程中，充分地考虑地方政府的财政收入能力和公共物品支出需求在内的双重需求标准；二是考虑到建立均等化转移支付制度是一个长期的、渐进的过程，如何在转移支付资金配置操作中，考虑地方政府在公共物品支出成本制约和财政收入制约在内的双重制约标准。在研究中国转移支付制度历史变迁过程、测算现有转移支付制度实际均等化效果的基础上，中国均等化转移支付制度体系的优化路径应包括如下内容：（1）构建规范的均等化财政转移支付预算体制；（2）按潜在财政能力原则测算政府标准财政收入能力；（3）按公共物品标准测算政府标准财政支出需求；（4）设立专项的均等化转移支付基金机制均衡地方政府标准财政能力；（5）完善均等化转移支付内部结构均衡地方政府标准财政能力。

第四节　创新之处及有待探索的问题

本书对国内外最新的研究成果加以利用和创新，拟在如下几个方面做尝试性探索。一是，通过运用时间序列泰尔指数模型，考察自有财力与实际财力双重标准情况下的地方政府财政能力均等化程度，实证研究的重点集中于转移支付前和转移支付后地方政府财政能力指标体系的动态均等化水平分解测算；二是考虑到测量过程中，群组之间不均等动态变化的可观测性、群组内部不均等动态变化的不可观测性，采用“最大化不均等程度测量”的计算方法，通过研究“最均衡状态到最不均衡状态”“最不均衡状态到最均衡状态”两种不均等状态的变化模式，测算群组内部不均等的动态变化，以及整体不均等的动态变化，使实证结果具有更高的科学性；三是考虑到单项财政能力指标之间的变化并非总是趋于一致，通过基本公共服务不同单项指标之间、单项指标和综合指标之间的动态变化过程进行严谨的比较分析，使实证结果更加可靠；四是模型还发现区域内部不均等动态调整的驱动因素，通过考察动态调整指标在非固定人口效应、固定人口效应调整过程的拟合程度，分析区域内部不均等动态调整的驱动因素，判断区域内部不均等的动态调整过程是，借助地方政府财政能力资源或人口资源的配置得以释放；五是构建出转移支付制度均等化地方政府财政能力效果的测算系数，判断中国转移支付制度是否具有明显的财力均等化效应，在实际测算过程中具体思路是：用实施转移支付制度前财政能力指标体系时间序列泰尔指数①，来衡量转移支付制度实施前中国地方政府间公共财政能力差距状况；用实施转移支付后财政能力指标体系时间序列泰尔指数，来衡量实施转移支付后中国地方政府间公共财政能力差距状况，最终借助实施转移支付前与转移支付后泰尔指数比值的绝对值，衡量实际转移支付实施的动态均等化效果。

尽管本书已经作出了很大努力，但在如下方面还有待于进一步深入研究：一是能否建立起一套规范的测算体系，测算出目前中国地方政府标准财政收入能力与标准财政支出需求，作为均等化转移支付规模确定的基础，确定标准和规范的均等化转移支付规模；二是能否建

---

①　对转移支付前财政能力指标体系的动态均等化水平分解测算，包括本级财政收入和本级财政支出指标体系的动态均等化水平分解测算两方面。

立动态分析框架的财政能力泰尔指数实证评估体系，研究财政能力均等化过程中的动态化推导问题；三是能否分析影响时间序列地方政府财政能力均等化实施过程中，各个约束能力之间的相互作用，以及对转移支付前后财政能力均等化效果的实质性影响。

第二章

均等化财政转移支付制度的理论基础

本章作为本书的逻辑分析起点，将对均等化转移支付制度的一般性基础理论进行探讨。均等化转移支付制度的构建，需要考虑地方政府财政收入能力与公共物品支出需求在内的双重标准，同时需要考虑地方政府提供公共物品成本支出和财政收入约束上的制约。基于以上的判断，研究均等化转移支付体制必须围绕上述基本框架。在本章，探讨均等化转移支付制度的一般性理论，主要内容包括：（1）均等化转移支付制度的理论溯源；（2）主要理论概念的界定，如财政能力（Fiscal Capacity）、财政均等化（Fiscal Equalization）、财政转移支付制度（Fiscal Transfer System）等基本概念；（3）均等化转移支付模型的理论分析框架，内容主要包括：均等化转移支付模型的基本假设、财政转移支付资金界定、财政支出成本和财政收入约束条件、财政支出需求和财政收入能力显示、均等化转移支付资金平衡条件、均等化转移支付模型一般化模式等方面的研究。

第一节　均等化财政转移支付制度的概念界定

一　财政能力

传统的财政分权理论认为，中央政府需要赋予地方政府更大权限的财政能力，主要是基于以下原因：一方面，地方性公共服务的财政资金可来源于中央政府的转移支付资金，也可以是来源于地方政府向当地居民征收税收的自有财政收入，选择后者则有利于地方政府获得辖区内居民的合法性支持；另一方面，若地方性公共服务来源于地方政府的本级自有财政收入，这意味着居民必须在承担相应税收负担前提下才能享受到辖区内的公共服务，而地方政府可通过这种财政约束机制，提高辖区公共服务课税价格，限制居民公共服务需求增加，减少地方政府财政支出压力。一个不容置疑的事实是，作为政府合法性和稳固性的根基所在，政府财政能力（Fiscal Capacity）可定义为政府以公共权利为基础筹集财力、提供公共物品以满足居民公共需要、稳定宏观部门公共经济、进行财政资源再分配等方面统筹能力的总和，核心在于财政资源汲取能力、公共物品供给能力（李文星、蒋瑛，2002）。从一个完整的过程考虑，财政汲取能力说明政府财力的集中过程和结果，但具体到财力转化为支出的有效性，即政府提供公共服务的能力，在汲取环节中是难以体现的。如果公共支出结果未能有效地符合居民的公共需求，则无法确定政府财政能力是否有效。因此，对政府财政能力的考察，应该考虑财政汲取能力和公共物品供给能力等方面（卢洪友、贾智莲，2009）。政府财政能力作为最重要的国家能力①，是实现国家宏观调控能力、合法性能力、强制能力的基础（王绍光、胡鞍钢，1993），不仅涵盖政府提供大致相同公共服务或公共服务的能力（刘溶沧、焦国华，2002），还涵盖政府财政自给能力、公共支出基本保障能力、财政政策能力方面（刘汉屏，2002），归纳为政府对财政资源汲取、分配、使用及其在整个过程中，组织、管理、协调等运筹能力的总和（李学军、刘尚希，2007）。

对潜在财政能力（Potential Fiscal Ability）、实际财政能力（Actual Fiscal Ability）的研究，是近年内理论界研究地方政府财政能力的主要方向。潜在财政能力（Potential Fiscal Ability）主要是指在给定的经济发展水平和税收制度下，地方政府理论上可以获取的财政收入能力；实际财政能力（Actual Fiscal Ability）主要是指在既定的经济发

---

① 国家能力是指国家（中央政府）将自己的意志、目标转化为现实的能力，包括汲取财政能力、宏观调控能力、合法性能力以及强制能力（王绍光、胡鞍钢，1993）。

展水平和税收制度下，地方政府实际上可以获取的财政收入能力。两者的本质区别主要体现为征税努力水平。经济发展水平和税收制度大致相同的地方政府，拥有的潜在财政能力较为相似；但是，实际财政能力较高的地方政府，往往拥有较高的实际征税努力水平。值得注意的是，潜在税源（Potential Tax Capacity）是构造政府财政能力的主要因素之一，在研究政府潜在财政能力方面较为重要。爱丽丝·M. 里夫林（Alice M. Rivlin）认为，可运用收入流与可征收的潜在税源对政府潜在财政能力进行估算。B. 达尔比、L. S. 威尔逊（B. Dahlby，L. S. Wilson，1994）强调，可借助经过税率变化敏感度调整后的潜在税源估算政府的潜在财政能力。罗纳德·约翰·海兰、辛迪·博兰、理查德·霍珀、理查德·西姆斯（Ronald John Hy，Cindy Boland，Richard Hopper，Richard Sims，1993）认为，可以运用财产税潜在税源与各种收费组合对地方政府潜在财政能力进行估算。财政分权体制国家均等化转移支付的制度设计，在考虑地方政府财政收入能力标准时倾向于使用潜在财政能力标准，这是由于：其一，潜在财政收入考虑的是一个地区的财力可以有多大，侧重于在给定经济发展水平上的地方政府财政能力水平，这种财政能力的差异直接与各地区税基有关（王丽娟，2008）；其二，如果完全根据地方政府实际财政能力高低确定转移支付规模，实际征税努力程度较低的地方政府能够从上级政府获得更多的转移支付资金，违背了财政分权体制过程中财政均等化基本理念；其三，按照地方政府实际财政能力高低确定转移支付规模，往往削弱地方政府的财政激励，促使地方政府依赖于上级政府的转移支付以实现地方性公共物品的供给，造成地方政府的逆向财政激励问题。可见，运用潜在财政能力标准衡量均等化财政转移支付机制中地方政府财政能力水平，已成为财政分权体制国家配置转移支付资金制度设计过程的主要衡量标准。很显然，构建中国均等化的转移支付制度，也需建立在以潜在财政能力衡量标准财政收入能力的基础上。

二　财政均等化

所谓财政均等化（Fiscal Equalization）是指具有相似状况的个人

能够获得相等的财政剩余，即每个人从公共物品获得的回报与所承担的税负之差都相等，要求无论居民位居何处，均能享用到均等化的公共服务（Jeff Petchey，Sophia Levtchenkova，2004）。一些经济学家（Boadway，2004；Petchey & Levtchenkova，2007）指出，财政联邦制下的财政均等，通常指中央以下各级政府以相似的税收成本提供相似服务水平，个人无论居住在哪里，都能确保平等地获得公共服务。霍夫曼（Hofman）等（2006）认为，财政均等可以通过两个标准来衡量：一是以个人从政府那里获得的财政支出均等为目标，即人均财力均等标准；二是以个人所享受的公共服务均等为目标，即公共服务均等标准。第一个衡量标准在实践中便于操作，它的前提假设是相同的财力能够带来等量的公共服务，但忽略了不同地区公共服务供给成本的差异（Eichhorst，2007）。第二个衡量标准注意到了不同地区公共服务供给成本差异，对公共服务供给数量和质量的影响，在财政支出水平相同的情况下：供给成本越高，当地政府所能提供的公共服务数量越少、质量越低；供给成本越低，则会出现相反的结果。在借鉴国外研究的基础上，中国学者依据本国的实际情况，也提出了自己的均等化标准。谷成（2007）指出，中国政府间财政分权现状与财政联邦体制分权理论相比存在一定程度的差异，从这种意义上讲，更适合于采用财政能力均等化模式，使贫困人口也能享受到政府所提供的最低标准的公共服务水平。很显然，这样的判定标准并非倾向于实际公共服务均等化标准，而是更侧重于财政能力均等化标准。马国贤（2008）系统地总结了公共服务均等化的衡量标准：人均财力的均等化、公共服务的标准化、公共服务最低公平。人均财力的均等化是指，中央政府（或上级政府）通过转移支付使各地方政府保持大致均等的人均财力。公共服务标准化是指，通过由中央（或上级政府）颁布公共服务标准，并以此为依据建立转移支付模式，实现公共服务水平的结果均等。公共服务最低公平标准是指，以国家的名义承诺，并以国家财力保障，全国必须达到的最低公共服务标准。上述三种标准应用于实际操作各有优缺点，本书在实际考察过程中采用的是人均财力均等化口径。原因在于：与公共服务标准化相比，人均财力均等化在实际操作中更具有可观察性和可评估性，更能符合于中国的实际国情；与公共服务最低公平标准相比，虽然公共服务最低标准也强调效果均等，但由于受最低标准的制约，用这种方法来测量无法真实地反映政府实际财政能力的均等化水平。很显然，财政均等化体制，强调了财政转移支付制度，应在承认区域经济发展和人均实际收入的非均衡前提下进行，财政转移支付制度应成为分配政府财政资源、权衡政府关系的基本制度而存在（谷成，2007）。

在考虑人均财政标准（Per Capita Fiscal Ability）界定范围时，一个值得研究的问题是如何界定人口的统计标准。人口的统计标准一般可界定为户籍人口标准和常住人口标准，而选择哪一种统计标准计算人均财政能力更为合适？这主要取决于数据的可获得性以及研究问题的需要。理论界在界定人均财政能力时往往选择户籍人口而非常住人口，主要是基于以下考虑：首先，从统计年鉴所公布的人口数据看，流动人口的统计标准没有统一的标准，在不同时期、不同区域内各级政府部门统计标准不一致且不断变化，各部门和各年度数据缺乏可比性，准确度较低。其次，从当前中国的实际国情出发，流动人口并非地方政府提供公共物品所需要考虑的主要对象。在计划经济体制向市场经济体制转轨的过程中，中国政府尚未建立与流动人口相适应的公共服务供给标准。由于流动人口所在地收入的不稳定性，尚未能够支撑流动人口全家在流动地定居，多数流动人口本身倾向于迁回原户籍所在地，从而在心理上仍依赖于户籍所在地提供教育、卫生、文化、就业再就业服务、社会保障、生态环境、公共基础设施和社会治安等公共服务（尹恒、王丽娟、康琳琳，2007）。鉴于此，在考虑人均财政能力界定范围时，采用户籍人口比常住人口更为恰当。

三　财政转移支付制度

政府间财政转移支付制度（Fiscal Transfer System）是指，财政资金在各级政府之间的无偿转移，是在政府间既定的支出责任和收入划分的框架下，为实现基本公共服务均等化特定政策目标而采取的一种财政再分配制度。作为一种协调各级政府间责权关系和利益关系的重要机制，从广义的角度理解，财政转移支付制度指各级政府之间的财力缴补关系。狭义而言，包含了各级政府在划分财权、事权后，财政资金在政府间的无偿性转移（北京师范大学课题组，2006）。财政均等化的制度设计，要确保居民能够享受到均等化的公共服务，这在许多国家财政均等化转移支付体系中得到体现：加拿大财政均等化转移支付体系，确保了地方政府在发挥全国平均水平的税收努力前提下，能够提供与全国平均水平持平的公共服务，无论地方政府的财政能力是否低于全国平均水平（Smart，2005）；澳大利亚的财政均等化转移支付体系，确保了地方政府在发挥相同税收努力、政府运行效率相似的前提下，实施均等化转移支付制度后拥有相同财政能力提供标准化的公共服务（Searle，2004）。

值得一提的是，政府间财政转移支付可分为无条件转移支付和有条件转移支付。无条件转移支付也称一般性转移支付制度，或称财力转移支付制度，其目的是实现基本公共服务均等化，不规定转移资金的具体用途，侧重于均衡地方政府财政能力差异方面；有条件转移支付也称专项转移支付，其目的是更有效地实施上级政府的政策目标，一般都规定获得资金的前提条件和使用方向，服务于中央政府的宏观政策，用于特定公共服务项目的需要。上述两种转移支付体系表现形式虽有所区别，但是转移制度本身在于解决地方政府间财政能力差异、均衡地方性公共服务的非均等化，制度设计过程所需要遵循的原则：一是财政转移支付过程需要确保地方政府受到大致相同的财政激励；二是转移支付制度需要确保贫困人口也能享受到政府所提供的最低标准公共服务水平（谷成，2007）。

第二节　均等化转移支付制度的理论框架模型

在西方财政联邦体制国家中，中央政府向地方政府配置转移支付资金的过程，通常运用均衡政府间财政能力差异的转移支付进行配置，包括加拿大、德国、瑞士、日本、英国和澳大利亚等国家。不同国家在考虑均等化转移支付机制配置资金需求标准时有所侧重，而实际操作过程呈现出共性特征，如澳大利亚的均等化转移支付模式，考虑了包括地方政府财政收入能力与公共物品支出需求在内的双重标准，而加拿大的转移支付模式，仅仅考虑了地方政府财政收入能力的单一标准。更为关键的是，在考虑均等化转移支付体制中地方政府的公共物品支出需求的同时，还需要考虑公共物品在成本支出方面的约束，这是由于在提供同等标准的公共服务标准下，公共服务成本较高的地方政府往往需要规模较大资金配套，才足以弥补提供公共物品所需的额外成本。如瑞士在测算地方政府公共物品支出需求方面，考虑不同地方政府在提供公共物品方面的成本差异①；日本在均等化转移支付资金的配置过程中也考虑了地方政府的成本差异②；英国的中央政府向地方政府配置转移支付资金的过程更是充分地考虑这种成本差异③。

财政能力均等化实践是基于财政均等（Fiscal Equalization）的基本理念，即通过均衡地方政府间财政能力的转移支付机制，确保无论居民位居何处均能享用到均等化的公共服务，如澳大利亚公共财政预算法中规定在相同财政努力程度及运行效率情况下，地方政府获取中央政府转移支付资金后，需具备相同的财政能力以提供均等化的公共服务。均等化转移支付机制中央政府向地方政府配置转移支付资金的过程，基于居民承担同等税收负担、拥有相同偏好及收入、享用地方政府提供均等化公共服务的理论假设。换而言之，均衡地方政府间财政能力联邦财政体制，能够按照地方政府居民偏好，组合地方政府不同类型的财政收入与地方公共物品供给，以求达到经济资源的最优配置。由于地方性政府提供的公共物品能产生地方特有的财政外部性，归属地固定性的生产要素也将产生地方特有的经济效益，这将影响资本、劳动力等流动性生产要素的优化配置。可以说，过多的流动性生产要素集中在财政外部性与经济效益较强的地方政府，这将造成生产

① 瑞士认为：在幅员辽阔、人口稀少的区域提供同等的公共服务所需成本往往较高；反之，亦然。

② 日本认为：成本差异主要来源于人口密度、人口增长率、地理位置、城市化程度、工业化方面的区别。

③ 英国认为：可建立回归分析模型测算出影响地方政府成本约束的因素。

要素在地方政府间的非效率配置。鉴于此，理论界认为，存在最优的均等化转移支付规模，以此矫正由于财政外部性与经济效益所造成在生产要素配置方面的扭曲效应。

本书从均等化转移支付机制的理论根源出发，对本书涉及的主要概念进行界定，建立均等化地方政府财政能力模型的理论分析框架，在标准化财政分权经济模型中研究财政能力均衡机制。本书研究过程所采用均等化公式具有较强的综合性，考虑地方政府财政收入能力与公共物品支出需求在内的双重标准，同时考虑公共物品在成本支出上的制约，体现了均等化转移支付制度的整体设计理念。

一　均等化转移支付模型的基本假设

事实上，本书研究的模型假设：每一个地方政府选择提供一种地方性公共物品，以达到本辖区居民效用的最大化；中央政府向地方政府征收财政收入，通过均等化公式估算地方政府财政收入能力与公共支出需求，向地方政府分配所需的转移支付资金。

主要从以下方面分析均等化转移支付模型可供实证检验的理论假设①：

首先，研究劳动力供给量 N 。在均等化转移支付模型中，本书假设存在 n 个居民，每个居民拥有相同的收入水平与消费偏好。同时，每个居民提供一个单位的劳动力，劳动力的供给全部取决于居民的供给。假设中央政府拥有 i 个地方政府，$i = 1,2,\cdots,n$ ，每个地方政府拥有 n_i 个居民。

将劳动力供给量 N 定义为公式（1）：

$$N = n_1 + n_2 + \cdots + n_i \,, \qquad i = 1,2,\cdots,n \tag{1}$$

其次，研究地方经济生产函数 y_i 。假设地方经济生产需要投入两种类型生产要素，包括固定性生产要素 L_i 和流动性生产要素 n_i 。其中：固定性生产要素 L_i 主要指土地、固定资产、自然资源等具有不变性、固定性的生产要素；流动性生产要素 n_i 主要指劳动力这一生产要

① 本书所构造的模型在 Jeff Petchey，Sophia Levtchenkova（2004）研究基础上进行推导。

素。假设每个地方政府拥有 n_i 个居民，在居民愿意参与劳动的情况下，地方政府拥有劳动力供给量为 n_i 。

在规模报酬不变的情况下，将地方经济生产函数 y_i 定义为公式（2）：

$$y_i = f_i(n_i, L_i)\ , \qquad i = 1, 2, \cdots, n \tag{2}$$

在假设固定性生产要素 L_i 供给量不变的情况下，可以将地方政府生产函数进一步定义为 $y_i = f_i(n_i)$ ，其中 $f_i{'}(n_i) > 0$ ，$f_i{''}(n_i) < 0$。

设居民收入为 w_i 。假设生产要素市场处于完全竞争的状况，每个居民将获得一份等同于居民边际生产力的工资 w_i 。假设居民拥有相等份额固定性生产要素 L_i 的情况下，居民获得了相同份额的固定性生产要素回报，或是固定性生产要素经济效益。

假设生产函数规模报酬不变的情况下，居民收入可视为地方经济生产函数 y_i 的平均产值，表示为公式（3）：

$$y_i = f_i(n_i)/n_i\ , \qquad i = 1, 2, \cdots, n \tag{3}$$

再次，研究居民在公共物品与私人产品之间的消费替代性。假设地方政府将部分经济产出转化为公共物品直接由居民进行消费，将每一单位的公共物品定义为 q_i ；假设地方政府将剩余经济产出转化为私人产品直接由居民进行消费，将每一单位私人产品的消费量定义为 x_i 。这种假设意味着居民在私人产品 x_i 和公共物品 q_i 之间的消费存在一条替代曲线，替代曲线的斜率等同于两种产品的边际替代率 MRT_{xq} ，也等同于两种产品的边际成本之比 MC_x/MC_q 。在完全竞争市场假设下，替代曲线的斜率也等同于私人产品和公共物品价格之比①。

最后，居民在公共物品和私人产品间消费的均衡条件。假设居民的效用函数 u_i 是拟凹的、连续的、可微的函数形式，可表示为公式（4）。

---

① 假设 P_i 为公共物品的价格，边际替代率 MRT_{xq} 可简化为 $1/P_i$ 。假设替代曲线为线性的情况，将私人产品 x_i 和公共物品 q_i 之间进行不同的消费组合，边际替代率 MRT_{xq} 始终保持不变。因此，将 P_i 视为一个参数。由于 P_i 在地方政府间是不同的，边际替代率 MRT_{xq} 在地方政府间也是不同的，从而地方政府拥有不同的替代曲线。

$$u_i = u(x_i, q_i), \quad i = 1,2,\cdots,n \tag{4}$$

假设居民在地方政府间可自由转移，在居民消费达到均衡效用的条件下，可表示为公式（5）：

$$u(x_1, q_1) = u(x_2, q_2) = \cdots = u(x_i, q_i), i = 1,2,\cdots,n \tag{5}$$

换而言之，居民消费达到均衡的效用可视为社会效用函数：$W = u_1 = u_2 = \cdots = u_n$。

二　财政转移支付资金界定

事实上，地方政府间可供分配的转移支付资金规模，主要决定于财政收入与财政支出在中央政府与地方政府之间的配置，造成不同层级政府间的财政缺口①，一般而言，通过转移支付均衡公式配置回地方政府。现对转移支付资金产生过程的复杂性进行简化处理，将研究重点集中在分配转移支付资金配置过程的地方政府策略上。假设中央政府所提供的转移支付资金为 G，来源于中央政府向居民征收的每一单位税收 s。中央政府不提供公共物品（即全国性的公共物品），主要的唯一职责是通过均等化公式将转移支付资金分配到下级地方政府。这种假设是一种对中央政府行为的抽象与简化，有利于本书所研究的问题：在给定转移支付资金规模情况下在地方政府之间进行分配的策略问题。中央政府向居民征收不变的单位税收 s，代表居民向中央政府上缴一个单位经济产值。由于居民所贡献的经济产值等同于中央政府征收单位税收，累加起来产生可供分配的转移支付资金，将其定义为 $G = sN$。由于 N 是给定的，所以 G 也是一个参数。

本书选择均等化转移支付模型时参考了澳大利亚的均等化转移支付模型。澳大利亚的均等化转移支付模型通过 CGC（Commonwealth Grants Commission）均等化公式，将转移支付资金配置到地方政府之间。在构建均等化转移支付模型时，提取上述均等化公式关键部分，舍弃其次要部分。CGC 均等化公式将每一单位的转移支付资金定义为 g_i，本书沿用了这种转移支付资金的定义，将地方政府转移支付资金

① 这种财政缺口实际上指的是与财政支出有关的额外财政收入。

表示为公式（6）：

$$g_i = \frac{G}{N} + \frac{E}{N}(\gamma_i - 1) + \frac{T}{N}(1 - \rho_i) + c, i = 1,2,\cdots,n \qquad (6)$$

由于 G 和 N 分别代表总体的转移支付资金以及总体人口数，因此可以将 $G/N = s$ 定义为中央政府分配给地方政府每一单位的资金量。

将变量 E 定义为均等化转移支付模型中地方政府的公共支出①。在上文中，假设每一个地方政府提供一种地方性公共物品以达到本辖区居民效用的最大化，可将 E 定义为公式（7）：

$$E = p_1q_1 + p_2q_2 + \cdots + p_iq_i, i = 1,2,\cdots,n \qquad (7)$$

因此，将 E/N 定义为地方政府每一单位的公共支出，即所谓均等化转移支付模型中地方政府的“标准公共支出”。可以将“标准公共支出”作为评估地方政府“公共支出需求”的衡量标准。

将变量 T 定义为均等化转移支付模型中地方政府的总体财政收入，即地方政府用于提供公共服务的自有财政收入。

地方政府的总体财政收入 T 等同于总体公共支出 E 减去从中央政府获得的总体转移支付资金 G，可表示为公式（8）：

$$T = E - G = p_1q_1 + p_2q_2 + \cdots + p_iq_i - G, i = 1,2,\cdots,n \qquad (8)$$

所以，将 T/N 定义为地方政府每一单位的自有财政收入，即所谓均等化转移支付模型中地方政府的“标准财政收入”。即可以将“标准财政收入”作为评估地方政府“财政收入能力”的衡量标准。

三　财政支出成本和财政收入约束条件

成本约束条件 γ_i 是研究地方政府转移支付模型另一个值得关注的问题，主要研究中央政府配置转移支付资金过程如何考虑地方政府财政收入能力的成本制约。本书在分析 CGC 均等化公式估算成本约束条件 γ_i 时，运用到地方政府所提供的每一项公共物品成本约束上，估算过程系统性较强但是较为复杂。本书在研究成本约束条件 γ_i 时，提取 CGC 均等化公式的关键部分，融入地方政府财政收入能力的估算

---

① 公共支出的内容包括了教育、医疗、交通、社会福利等。

上。在选择均等化转移支付模型时，假设地方政府仅提供一种地方性公共物品，因此在估算成本约束条件 γ_i 时，仅考虑了地方政府提供单一公共服务方面的成本约束。

不同地方政府在提供教育、医疗、交通、社会福利等公共服务时，需要考虑到地方政府所面临的成本约束。例如在地缘辽阔、人口稀疏的地方政府提供公共服务，为确保居民享用到均等化标准的公共服务，地方政府在边远地区提供公共服务的成本相对较高。此外，地区人口在年龄和性别结构方面的差异，以及地方政府在提供公共服务上的规模效应，也会造成地方政府在提供公共物品方面存在成本约束。澳大利亚的均等化转移支付模型较为独特，主要是模型致力于公共服务成本约束条件 γ_i 的研究，以此为基础决定中央政府转移支付总体资金 G 的配置过程。

在定义成本约束条件 γ_i 时，本书提取 CGC 均等化公式的关键部分，舍弃其次要部分。

CGC 均等化公式将每一单位的公共服务成本约束定义为 γ_i ，现沿用这种成本约束的定义，将地方政府的成本约束表示为公式（9）：

$$\gamma_i = \frac{np_i}{\sum p_i}, \qquad i = 1,2,\cdots,n \tag{9}$$

现定义：若 $\gamma_i > 1$ ，表示地方政府在提供公共服务的单位成本较高，或者说具有较高的公共服务成本约束；若 $\gamma_i < 1$ ，表示地方政府在提供公共服务的单位成本较低，或者说是具有较低的公共服务约束；若 γ_i 接近于1，表示地方政府具有标准化的公共服务成本约束。由于公共物品的价格 p_i 是外生变量，因此也将成本约束条件 γ_i 视为外生变量。

此外，CGC 均等化公式同时估算了地方政府的收入约束条件 ρ_i 。在定义收入约束条件 ρ_i 时，提取 CGC 均等化公式的关键部分，舍弃其次要部分。CGC 均等化公式将每一单位的财政收入约束条件定义为 γ_i ，现沿用这种财政收入约束条件的定义：若 $\rho_i > 1$ ，表示地方政府拥有较高的财政收入约束；若 $\rho_i < 1$ ，表示地方政府拥有较低的财政收入约束；若 ρ_i 接近于1，表示地方政府具有标准化的财政收入约

束。同理，也将财政收入约束条件 ρ_i 视为外生变量。

四 财政支出需求和财政收入能力

在构造的地方政府转移支付资金公式中，可将 $(E/N)(\gamma_i - 1)$ 定义为地方政府的财政支出需求。同时可将地方政府财政支出需求分解为两部分：首先，$(E/N) \cdot \gamma_i$ 代表了地方政府的标准化财政支出需求，即考虑成本约束情况下，地方政府为获得每一单位标准财政支出 E/N 所需承担的财政支出需求。可以说，地方政府的标准化财政支出需求 $(E/N) \cdot \gamma_i$ 大于或小于标准财政支出 E/N，主要取决于地方政府成本约束 γ_i 的程度。其次，E/N 代表了所有地方政府的标准财政支出需求。可以说，地方政府的财政支出需求等同于，地方政府的标准化财政支出需求减去标准财政支出需求。假设地方政府成本约束 γ_i 大于 1，地方政府拥有了正的财政支出需求；假设地方政府成本约束 γ_i 小于 1，地方政府拥有了负的财政支出需求。

同理，将 $(T/N)(1 - \rho_i)$ 定义为地方政府的财政收入能力。地方政府财政收入能力可分解为两部分：首先，(T/N) 代表了地方政府标准的自有财政收入。其次，$(T/N) \cdot \rho_i$ 代表了地方政府标准化的自有财政收入，即地方政府在选择均等化财政努力程度情况下所能获得的财政收入。如果地方政府财政收入约束 ρ_i 大于 1，地方政府的标准化财政收入将大于标准财政收入，地方政府拥有了负的财政支出需求；如果地方政府财政收入约束 ρ_i 小于 1，地方政府的标准化财政收入将小于标准财政收入，地方政府拥有了正的财政支出需求。

综上所述，在均等化转移支付资金公式下，地方政府获得的转移支付资金配置调整于财政支出需求和财政收入能力。如果地方政府的总体财政需求为正，地方政府在转移支付资金的配置过程将获得多于均等化份额的转移支付资金；如果地方政府的总体财政需求为负，地方政府获得少于均等化份额的转移支付资金；如果地方政府的财政支出需求和财政收入能力相互抵销，地方政府将获得均等化份额的转移支付资金 G/N。

五　均等化转移支付资金的平衡条件

中央政府配置给地方政府的转移支付资金 g_i，建立在充分测算财政支出需求和财政收入能力的基础上。这种转移支付模式本身并非一种对中央政府转移支付资金的平均分配。地方政府所获得的转移支付资金总量 $\sum g_i$，未能充分利用中央政府转移支付资金总量 G。换而言之，需求导向型的转移支付资金测算，必须引入一个调整参数来满足均等化转移支付资金的平衡条件，保证地方政府所获得的转移支付资金总量 $\sum g_i$ 能够充分利用中央政府转移支付资金总量 G。可以说，均等化转移支付公式（6）最后部分对 c 参数的引入，正是为了解决上述问题而设置的。

在转移支付模型中引入调整参数 c 的部分，需要同时解决如下的问题：首先，CGC 均等化转移支付公式未明确如何测算调整参数 c；其次，在考虑部分均等化转移支付资金平衡条件[①]的情况下，地方政府最优选择的数学推导将会相当复杂。鉴于此，在界定调整参数 c 时，提取 CGC 均等化公式的关键部分，舍弃其复杂部分的推导过程。假设 CGC 均等化公式将每一单位转移支付资金 g_i 的调整参数设为 c，并沿用了这种调整参数的定义，可作出如下的推导：

首先将均等化转移支付资金的平衡条件定义为公式（10）：

$$n_1g_1 + n_2g_2 + \cdots + n_ig_i = G, \qquad i = 1,2,\cdots,n \tag{10}$$

将地方政府转移支付资金公式（6）代入上述公式（10）中，在保证均等化转移支付资金平衡条件成立的前提下，得到调整参数 c 的表达式。现将调整参数 c 表示为公式（11）：

$$c = \frac{C}{N} - \frac{E}{N}(n_1\gamma_1 + n_2\gamma_2 + \cdots + n_i\gamma_i) + \frac{T}{N}(n_1\rho_1 + n_2\rho_2 + \cdots + n_i\rho_i)$$

$$i = 1,2,\cdots,n \tag{11}$$

由上述推导过程可知，地方政府转移支付资金的调整参数 c 是相

---

① 例如设置一个简单条件：地方政府所获得转移支付资金总量等同于中央政府转移支付资金总量。

同的。假设地方政府拥有不同的调整参数 c，仅能依靠单一的平衡条件均等式（10）证明 n 个未知数。因此调整参数 c 在不同地方政府之间是相同的，且由公式（11）给出。

CGC 调整公式设置了调整参数 c，使均等化转移支付资金的平衡条件成立，同时推导出另一个平衡条件：

$$n_1 g_1 + n_2 g_2 + \cdots + n_i g_i = s \cdot (n_1 + n_2 + \cdots + n_i) = s \cdot N = G, \quad i = 1,2,\cdots,n \quad (12)$$

均等式（10）的推导引出了另一个值得讨论的问题：地方政府是否意识到调整参数 c 是如何估算的。事实上，CGC 均等化转移支付公式未明确调整参数 c 的测算过程，可以假设地方政府将调整参数 c 视为外生变量，并且地方政府在提供公共物品时也未考虑调整参数 c 的影响。但是，也假设了地方政府可以意识到财政平衡调整参数 c 可作为地方政府提供公共物品方面的功能。鉴于此，可以相信地方政府能够理解设置调整参数 c 是为了满足均等化转移支付资金平衡条件的需要。因此，在转移支付模型中引入调整参数 c 的需要设置。

六　均等化转移支付模型的一般化模式

在均等化转移支付模型中，模型涉及内生变量均为外生变量或参数所组合的函数形式。在最后的论述中，有必要讨论模型中所涉及内生变量，研究均等化转移支付模型的一般化模式。本书将每一单位的转移支付资金的一般化模式表示为公式（13）：

$$g_i = g_i(F, P, CGC, S), \quad i = 1,2,\cdots,n \quad (13)$$

式中：$F = [s, N]$ 是中央政府变量决定的参数；$P = [p_1, p_2, \cdots, p_n]$ 是地方性公共物品价格决定的参数；$CGC = [\gamma_i, \rho_i, c]$ 是 CGC 均等化公式决定的参数；$S = [q_1, q_2, ..., q_n]$ 是地方政府间策略的组合。对于 $F = [s, N]$ 而言，参数 s 主要取决于中央政府。劳动力供给量 N 取决于人口出生率和死亡率，但也取决于中央政府的人口政策。在 CGC 参数中，变量 γ_i，ρ_i 和 c 由 CGC 均等化公式所决定，而地方性公共物品供给量 S 取决于地方政府。

假设地方政府将 s，N，公共物品价格，CGC 参数视为外生变量。

事实上，地方政府不能影响参数 s 的决定，仅能对参数 CGC 产生一种边际影响。地方政府经济效益取决于公共物品成本和收入的约束条件，但是这种分析模式具有一定局限性。同时，在假设地方政府在公共物品供给方面运用纳什均衡猜想，例如每一个地方政府将其他地方政府公共物品的供给量视为给定的，将转移支付资金视为自有公共物品供给的函数形式。调整参数 c 也包含在 CGC 参数中，同时也被地方政府视为组合政策选择的函数。

可以说，均等化转移支付模型的一般化模式，将地方政府的政策组合和地方政府转移支付资金的均衡变量进行结合。换而言之，均等化转移支付模型的一般化模式通过均等化转移支付公式所涉及的变量，涵盖了所有中央政府转移支付资金的均等化形式。因此，可以将公式（13）视为均等化转移支付模型的一般化模式，而将公式（6）视为均等化转移支付模型中的一种特殊类型。

第三章

地方政府本级财政能力均等化水平考察

上一章对均等化转移支付制度的一般性基础理论进行分析，得到的基本结论是：均等化转移支付制度的构建，需要考虑地方政府财政收入能力与公共物品支出需求在内的双重标准，同时需要考虑地方政府提供公共物品成本支出和财政收入约束上的制约。沿袭上章分析的基本思路，本章在考虑政府财政收入能力与公共物品支出需求在内的双重标准下，运用时间序列泰尔指数，来衡量转移支付制度实施前中国地方政府间公共财政能力差距状况，在此基础上进行动态化推导，得出严格的量化结论，分析影响地方政府财政能力均等化的约束因素，内容主要为：介绍本书考察地方政府财政能力均等化水平所使用的基本方法和技术，运用上述方法测算转移支付前地方政府财政能力的均等化现状，假设区域内部不均等达到“最大化不均等程度”前提背景，间接测算出地方政府财政能力区域内部不均等水平的动态调整指标，再测算出模型中可观测的区域之间不均等水平动态调整指标，借此基础构造全国地方政府财政能力整体不均等程度的动态调整指标，刻画出地方政府财政能力指标总体不均等、区域之间不均等、区域内部不均等的动态调整过程。此外，通过考察动态调整指标在非固定人口效应、固定人口效应调整过程的拟合程度，分析区域内部不均等动态调整的驱动因素，判断区域内部不均等的动态调整过程是借助政府财政能力资源，或是借助人口资源的配置得以释放。

第一节　财政能力均等化水平测量工具简介

一　测算工具

本书运用时间序列泰尔指数模型研究中国地方政府间财政能力均等化水平，具体研究思路如下：

利用泰尔指数法对中国地方政府财政能力均等化水平进行层级分解考察，可从区域维度进行分解，分别计算出每个维度的不均等程度，最后加总求出泰尔指数。泰尔指数可以被表示为：

$$T = T' + T_J = \sum_{j=1}^{m} p_j R_j \log R_i + \sum_{j=1}^{m} p_j R_j T_j = \sum_{j=1}^{m} p_j R_j \log R_j + \sum_{j=1}^{m} p_j R_j \frac{1}{n_j} \sum_{i \in g_j} r_i \log r_i \tag{14}$$

式中：T 用于表示全国总体泰尔指数，反映了全国地方政府财政能力的不均等程度，取值范围为 $1 \geqslant T \geqslant 0$。$T$ 及其分解部分数值越大，意味着地方政府财政能力均等化水平越低；反之，则意味着均等化水平越高。T' 可定义为区域之间泰尔指数，衡量不同区域之间的地方政府财政能力不均等程度，表达式为 $T' = \sum_{j=1}^{m} p_j R_j \log R_i$。此外，$T_J$ 可定义为区域内部泰尔指数，衡量区域内部地方政府财政能力不均等程度，表达式为 $T_J = \sum_{j=1}^{m} p_j R_j T_j$①。$T'$ 与 T_J 之和等于 T。

为得到不均等程度在连续时间维度上的变化，佩德罗（Pedro）和詹姆斯（James）（2000）指出，需要将全国总体泰尔指数 T 进行全微分分解，得到 $\mathrm{d}T$ 的表达式：

$$\mathrm{d}T = \sum_{j=1}^{m} [(R_j \log R_j + R_j T_j) \cdot \mathrm{d}p_j + (p_j \log R_j + p_j + p_j T_j) \cdot \mathrm{d}R_j + p_j R_j \cdot \mathrm{d}T_j] \tag{15}$$

观察公式（15）的所有元素，除 T_j 和 $\mathrm{d}T_j$ 两个元素外，其他元素均可通过测量得到。由于 T_J 本身的不可观测性特征，无法对不均等程度

---

① 通过计算，可以将 T_J 表示为 $T_J = \sum_{j=1}^{m} p_j R_j \frac{1}{n_j} \sum_{i \in g_j} r_i \log r_i$。

连续时间变化 dT 进行下一阶段测量。为解决 T_J 的不可观测性，本书引用佩德罗（Pedro）和詹姆斯（James）（2000）提出的“最大化不均等程度测量”计算方法①，通过考察 dT_j 的最大影响程度，间接测量全国总体泰尔指数 T 动态变化，具体研究思路如下所示：

一般而言，实际测算所用数据多数为离散形式；但是实际运用操作过程时，需要将连续时间序列模型表示为离散形式，即考察 t 时期到 $t+1$ 时期跨度内的变化。假设 T_j 由最均衡状态转变为最不均衡状态，或是由最不均衡状态转变为最均衡状态，此时 T_j 的变化将达到最大，变化过程如公式（16）所示：

$$dT_j^{\max}(t,t+1) = \sum_{j=1}^{m}\left\{\frac{Y_j(t+1)}{Y(t+1)}\left(\log\left[\frac{p_j(t+1)}{p_j(t)}\right] + \log\left[\frac{Y_j(t+1)}{Y(t+1)}\cdot\frac{Y(t)}{Y_j(t)}\right]\right)\cdot\log[n_j(t+1)]\right\} \tag{16}$$

从理性的角度上看，$dT_j^{\max}$ 存在以下两种可能性②：

第一种可能性，T_j 由最均衡状态变化到最不均衡状态，即从 0 增长到 $\log(n_j)$，可得到公式（17）：

$$dT_j^{\max+}(t,t+1) = \sum_{j=1}^{m}\left\{\frac{Y_j(t+1)}{Y(t+1)}\cdot\log[n_j(t+1)]\cdot\left(1+\log\left[\frac{Y_j(t+1)}{Y(t+1)}\cdot\frac{Y(t)}{Y_j(t)}\right]\right)\right\} \tag{17}$$

第二种可能性，T_j 由最不均衡状态变化到最均衡状态，即由

① 佩德罗（Pedro）和詹姆斯（James）（2000）指出，若社会所有财富集中于某个人身上，将出现绝对不均等的情况，此时 $T=\log(n)$。当 T_j 达到最大化不均等程度时，表达式为 $T_j^{\max}=\log(n_j)$，此时的 $dT_j^{\max}=(dp_j)/(p_j)$。

② 假设基本公共服务内部结构保持稳定，即 $(Y_j(t+1)/Y(t+1))/(Y_j(t)/Y(t))\approx 1$，则公式（17）可表示为 $dT_j^{\max+}(t,t+1)\approx\sum_{j=1}^{m}\{(Y_j(t+1)/Y(t+1))\cdot\log[n_j(t+1)]\}$；若再假设人口保持较低增长率，即 $n_j(t)\approx n_j(t+1)$，则 $dT_j^{\max+}(t,t+1)\approx -dT_j^{\max-}(t,t+1)$。可见，$dT_j^{\max+}(t,t+1)$ 与 $dT_j^{\max-}(t,t+1)$ 的均值、均方差是相对称的。

$\log(n_j)$ 减少到 0，可得到公式（18）：

$$dT_j^{\max-}(t,t+1) = -\sum_{j=1}^{m}\left\{\frac{Y_j(t+1)}{Y(t+1)}\cdot\log[n_j(t)]\right\} \tag{18}$$

实际测量过程中，所采用的时间序列泰尔指数模型（Long and Dense Time-Series Theil Indexes Model），能够将地方政府财政能力均等化的动态调整过程刻画出来，这一结论并不是远离现实的数理统计结果，具有内在的逻辑一致性。在模型指标体系中，由于区域内部不均等程度在动态调整过程中的不可观测性，模型假设了区域内部不均等在达到“最大化不均等程度”情况下，间接地测算出地方政府财政能力区域内部不均等水平的动态调整指标 $dT_j^{\max}$，再测算出模型中可观测的区域之间不均等水平动态调整指标 dT'，在此基础上构造出全国地方政府财政能力整体不均等程度的动态调整指标 dT，刻画出地方政府财政能力指标总体不均等、区域之间不均等、区域内部不均等的动态调整过程。这就是为什么模拟所展示的指标体系，在整个动态调整过程具有一定内在关联的原因。

此外，模型还发现区域内部不均等动态调整的驱动因素。区域内部不均等的动态调整，既可以在地方政府财政能力资源的配置中得以释放，也可以在人口资源的配置中得以释放，这取决于动态调整指标在非固定人口效应、固定人口效应调整过程的拟合程度：若两者拟合程度越高，动态调整越倾向于在政府财政能力资源配置中得以释放；若两者拟合程度越低，越倾向于在人口资源配置中得以释放。

实际测算过程中，若剔除人口因素变化的影响，区域内部不均等程度 $dT_{Fj}^{\max}$ 可表示为公式（19）：

$$dT_{Fj}^{\max}(t,t+1) = \sum_{j=1}^{m}\left\{\frac{Y_j(t+1)}{Y(t+1)}\left(\log\left[\frac{p_j(2)}{p_j(1)}\right]+\log\left[\frac{Y_j(t+1)}{Y(t+1)}\cdot\frac{Y(t)}{Y_j(t)}\right]\cdot\log[n_j(2)]\right)\right\} \tag{19}$$

因此，通过比较 $dT_j^{\max}$ 及 $dT_{Fj}^{\max}$ 是否具有相似的变化趋势，得以判断动态调整指标在非固定人口效应、固定人口效应调整过程的拟合程度。

最后，模型通过动态调整指标 $dT_j^{\max +}$，$dT_j^{\max -}$ 数值特征的计算，估算模型所测算区域内部不均等水平的现实模拟程度。通过分析上述动态调整指标的数值特征，判断两者在数理特征上是否具有对称性，并通过动态调整指标均方差的计算，判别整体动态调整过程的波动幅度，得出该模型的现实模拟程度。

二 计算步骤

依据上述动态分解原理，使用时间序列泰尔指数模型（Long and Dense Time-Series Theil Indexes Model）计算中国地方政府财政能力单项指标和综合指标的步骤如下：

第一步，根据公式（16），计算出地方政府财政能力区域内部不均等 T_j 的最大化不均等程度指标 $dT_j^{\max}$，以及相应的东部、中部、西部区域分解指标，分别为 $dTE_j^{\max}$，$dTM_j^{\max}$，$dTW_j^{\max}$；

第二步，根据公式（17），计算出“最均衡状态到最不均衡状态”过程中，地方政府财政能力区域内部不均等 T_j 的变化 $dT_j^{\max +}$，以及 $dT_j^{\max +}$ 的均值、均方差；

第三步，根据公式（18），计算出“最不均衡状态到最均衡状态”过程中，地方政府财政能力区域内部不均等 T_j 的变化 $dT_j^{\max -}$，以及 $dT_j^{\max -}$ 的均值、均方差；

第四步，根据公式（15），计算出地方政府财政能力区域之间不均等 T' 的动态变化指标 dT'，及相应的东部、中部、西部区域分解指标，分别为 dTE'，dTM'，dTW'；

第五步，在计算动态变化指标 $dT_j^{\max}$ 与 dT' 的基础上，计算出地方政府财政能力总体不均等程度 T 的动态变化指标 dT，以及所对应的东部、中部、西部区域分解指标，分别为 dTE，dTM，dTW；

第六步，根据公式（19），计算出固定人口变动效应情况下，地方政府财政能力区域内部不均等 T_{Fj} 的最大化不均等程度指标 $dT_{Fj}^{\max}$，以及相应的东部、中部、西部区域分解指标，分别为 $dTE_{Fj}^{\max}$，$dTM_{Fj}^{\max}$，$dTW_{Fj}^{\max}$。

三　财政能力均等化水平计算数据说明

首先需要考虑的是地方政府自有财政能力测算标准问题。作为政府合法性和稳固性的根基所在，政府财政能力（Fiscal Capacity）可定义为政府以公共权利为基础筹集财力、提供公共物品以满足居民公共需要、稳定宏观部门公共经济、进行财政资源再分配等方面统筹能力的总和，核心在于财政资源汲取能力、公共物品供给能力（李文星、蒋瑛，2002）。从一个完整的过程考虑，财政汲取能力说明政府财力的集中过程和结果，但具体到财力转化为支出的有效性，即政府提供公共服务的能力，在汲取环节中是难以体现的。如果公共支出结果未能有效地符合居民的公共需求，则无法确定政府财政能力是否有效。鉴于此，对中国地方政府自有财力均等化水平的实证考察，主要集中在转移支付前的财政收入与财政支出方面的考察，所引用的数据来源于《中国财政年鉴（1996—2009）》全国31个省、自治区和直辖市财政一般预算收支决策决算总表预算科目中，各省、自治区和直辖市本级财政收入的决策数。

其次，需要考虑的是测量动态财政能力均等化水平人口统计标准。人口的统计标准一般可界定为户籍人口标准和常住人口标准，而选择哪一种统计标准计算人均财政能力更为合适？这主要取决于数据的可获得性以及研究问题的需要。理论界在界定人均财政能力时，往往选择户籍人口而非常住人口，主要是基于以下考虑：首先，从统计年鉴所公布的人口数据看，流动人口的统计标准没有统一的标准，在不同时期、不同区域内各级政府部门统计标准不一致且不断变化，各部门和各年度数据缺乏可比性，准确度较低。其次，从当前中国的实际国情出发，流动人口并非地方政府提供公共物品所需要考虑的主要对象。在计划经济体制向市场经济体制转轨的过程中，中国政府尚未建立与流动人口相适应的公共服务供给标准。由于流动人口所在地收入的不稳定性，尚未能够支撑流动人口全家在流动地定居，多数流动人口本身倾向于迁回原户籍所在地，从而在心理上仍依赖于户籍所在地提供教育、卫生、文化、就业再就业服务、社会保障、生态环境、公共基础设施和社会治安等公共服务（尹恒、王丽娟、康琳琳，2007）。鉴于此，在考虑人均财政能力界定范围时，采用户籍人口比常住人口更为恰当。本书选择户籍人口作为测算过程的相关人口标准，1996—2005年的数据来源于《中国人口统计年鉴（1996—2006）》公布的全国31个省、自治区和直辖市户籍人口，2006—2008年的数据来源于《中国人口与就业统计年鉴（2007—2009）》公布的全国31个省、自治区和直辖市户籍人口。

再次，需要讨论的是动态财政能力均等化水平区域维度的划分问题。从经济地理角度来说，中国通常被划分为三大区域：东部区域、中部区域、西部区域。三大区域经济发展水平完全不同，其中，东部属于经济社会发展相对发达区域，中部的经济社会发展处于中等水平，西部属于相对落后地区。考虑到广西经济社会发展水平相对较低，而且国家近年内实施的“西部大开发”发展战略也将广西纳入西部的范畴，所以本书将广西从东部地区移出列入西部地区。鉴于以上的衡量标准，本书所界定的三大区域为：东部区域包含北京、天津、上海、河北、辽宁、江苏、山东、广东、海南、江苏、福建11个省（市）；中部区域包含黑龙江、吉林、内蒙古、山西、河南、江西、湖南、安徽、湖北9个省（区）；西部地区包括广西、四川、重庆、甘肃、西藏、宁夏、云南、贵州、青海、新疆、陕西11个省（区、市）。并按照东部、中部、西部区域维度的划分标准，对三个维度省区市之间以及各内部财政能力均等化的情况进行比较分析。

第二节　地方政府本级财政能力动态均等化水平测算

一　地方本级财政收入动态均等化水平分解测算

表3－1考察了1996—2008年中国31个省、自治区和直辖市转移支付前，地方政府自有财政收入指标体系动态均等化水平测算及区域维度的分解情况。

表 3－1　**地方政府本级财政收入指标体系动态均等化水平分解测算（1996—2008 年）**

指标 / 年份	d*TR*	d*TRE*	d*TRM*	d*TRW*	d*TR′*	d*TRE′*	d*TRM′*	d*TRW′*
1996	－0. 000771	－0. 015107	－0. 007371	0. 021707	－0. 000639	－0. 002805	－0. 001179	0. 003345
1997	0. 003768	0. 030833	－0. 002023	－0. 025043	0. 002208	0. 006422	－0. 000368	－0. 003847
1998	0. 001143	0. 014430	－0. 012947	－0. 000340	0. 000960	0. 003016	－0. 001949	－0. 000108
1999	0. 003577	0. 034391	－0. 017563	－0. 013251	0. 002341	0. 006924	－0. 002612	－0. 001970
2000	0. 007357	0. 058407	－0. 034625	－0. 016425	0. 004389	0. 011711	－0. 004697	－0. 002625
2001	0. 009232	0. 065738	－0. 041027	－0. 015480	0. 005892	0. 013921	－0. 005773	－0. 002255
2002	－0. 000079	－0. 000658	－0. 000564	0. 001143	0. 000072	0. 000050	－0. 000083	0. 000105
2003	0. 001109	0. 011018	－0. 006805	－0. 003104	0. 001054	0. 002512	－0. 000897	－0. 000560
2004	－0. 001039	－0. 019098	0. 019510	－0. 001451	－0. 001214	－0. 003661	0. 002775	－0. 000329
2005	0. 002846	0. 023824	－0. 007974	－0. 013004	0. 001906	0. 004764	－0. 000992	－0. 001866
2006	－0. 001512	－0. 025161	0. 020359	0. 003289	－0. 001596	－0. 004815	0. 002742	0. 000476
2007	0. 001457	0. 012747	－0. 020720	0. 009430	0. 001597	0. 003397	－0. 002988	0. 001188
2008	－0. 001891	－0. 027564	0. 014085	0. 011588	－0. 001882	－0. 005446	0. 002031	0. 001533

续表

指标 年份	dTR_j^{max}	$dTRE_j^{max}$	$dTRM_j^{max}$	$dTRW_j^{max}$	dTR_{Fj}^{max}	$dTRE_{Fj}^{max}$	$dTRM_{Fj}^{max}$	$dTRW_{Fj}^{max}$
1996	-0. 000131	-0. 012302	-0. 006192	0. 018363	-0. 000079	-0. 012216	-0. 006182	0. 018319
1997	0. 001560	0. 024411	-0. 001655	-0. 021196	0. 001560	0. 024411	-0. 001655	-0. 021196
1998	0. 000183	0. 011414	-0. 010998	-0. 000232	0. 000140	0. 011325	-0. 010911	-0. 000274
1999	0. 001236	0. 027468	-0. 014950	-0. 011282	0. 001066	0. 027143	-0. 014849	-0. 011227
2000	0. 002969	0. 046696	-0. 029928	-0. 013799	0. 002622	0. 046043	-0. 029462	-0. 013959
2001	0. 003339	0. 051817	-0. 035253	-0. 013225	0. 003318	0. 051660	-0. 035145	-0. 013197
2002	-0. 000152	-0. 000708	-0. 000481	0. 001037	-0. 000144	-0. 000692	-0. 000437	0. 000986
2003	0. 000055	0. 008507	-0. 005908	-0. 002544	0. 000072	0. 008501	-0. 005793	-0. 002635
2004	0. 000175	-0. 015437	0. 016734	-0. 001122	0. 000282	-0. 015215	0. 016722	-0. 001225
2005	0. 000940	0. 019060	-0. 006982	-0. 011138	0. 000681	0. 018560	-0. 006774	-0. 011105
2006	0. 000084	-0. 020346	0. 017617	0. 002813	0. 000245	-0. 019965	0. 017391	0. 002818
2007	-0. 000140	0. 009349	-0. 017732	0. 008243	0. 000224	0. 009839	-0. 017648	0. 008034
2008	-0. 000009	-0. 022118	0. 012054	0. 010055	0. 000040	-0. 021834	0. 012039	0. 009835

注：表格数据根据 1997—2009 年《中国财政年鉴》《中国统计年鉴》《中国人口统计年鉴》相关数据计算得出。

首先，观察地方政府自有财力总体不均等程度动态调整指标 dTR，其演变趋势可划分为3个阶段：1996—2000年为第一阶段，特点是指标 dTR 快速上升并大幅超过先前水平，在较短时间内迅速跃升到一个新平台；2001—2004年为第二阶段，特点是指标 dTR 大幅下降，重新回归到－0.001039水平；2005—2008年为第三阶段，特点是调整指标 dTR 基本围绕－0.002至0.003区间在较小范围内波动。很显然，2000年是一个历史分界线，在此之前地方政府之间财政能力均等化程度是下降的，而在此之后则呈现出不断上升的趋势。本书将动态调整指标 dTR 进行区域维度分解，分解为东部、中部、西部动态调整指标，分别为 $dTRE$，$dTRM$，$dTRW$ 指标，分析各指标体系和 dTR 具有的相同的变化规律，结果发现：动态调整指标 $dTRE$ 先大幅上升后快速下降，逐渐回归正常范围，表现出与动态调整指标 dTR 较为类似的变化规律；动态调整指标 $dTRM$、$dTRW$ 则表现出与 dTR 相反的变化规律，先出现大幅下降趋势，后逐渐回归正常水平。可以说，在整体区域的动态调整过程中，东部区域作为动态调整过程的主导因素，对整体不均等程度的影响力度最大。

其次，观察区域之间不均等程度调整指标 dTR' 的演变过程。在所有的分解指标中，dTR' 所占比重最大，基本达到60%以上。可见，在全部的不均等当中，区域之间的不均等是最主要的。与 dTR 值变化同步，dTR' 表现出相似的演变趋势，可划分为3个阶段：1996—2000年，调整指标 dTR' 快速上升，从初始阶段的－0.000639，上升到2000年的0.004389水平；2001—2004年，调整指标 dTR' 呈明显下降趋势，由0.005892下降到－0.001214水平；2005年后，调整指标 dTR' 在较小范围内变化，波动幅度介乎－0.0019与0.002之间。本书将 dTR' 进行区域维度分解为东部、中部、西部区域调整指标，分别为 $dTRE'$、$dTRM'$、$dTRW'$，结果发现：动态调整指标 $dTRE'$ 先大幅上升后逐渐回归正常水平，演变规律类似于调整指标 dTR'；动态调整指标 $dTRM'$ 大幅下降后稳步回归，但是动态调整指标 $dTRW'$ 出现小幅下降，较长时间内表现出小幅上升趋势，说明东部地区依旧为影响区域之间不均等的重要区域。

再次，观察区域内部不均等程度动态调整指标 dTR_j^{max} 的演变趋势。在所有的分解指标中 dTR_j^{max} 所占比重最小，这说明在全部地方政府财政能力不均等中，每个区域内部不均等的影响程度最小，演变趋势大体上分为 4 个阶段：1996—2000 年为第一阶段，调整指标大幅上升，最高达到 0.002969 水平；2001—2002 年为第二阶段，调整指标迅速下降，回落至 -0.000152，最终略低于初始水平；2003—2005 年为第三阶段，调整指标重新出现小幅回升，但回升幅度大幅低于先前水平；2005—2008 年为第四阶段，调整指标持续缓慢下降，最终回归至 -0.000009。我们将动态调整指标 dTR_j^{max} 分解为东部、中部、西部区域指标，分别为 $dTRE_j^{max}$，$dTRM_j^{max}$，$dTRW_j^{max}$，结果发现：动态调整指标 $dTRE_j^{max}$ 先大幅上升后快速下降，与动态调整指标 dTR_j^{max} 表现同步；但是，动态调整指标 $dTRM_j^{max}$，$dTRW_j^{max}$ 表现出与 dTR_j^{max} 相反的变化规律，说明东部地区依旧为区域内部不均等的重要影响区域。

观察非固定人口效应、固定人口效应情况下调整指标 dTR_j^{max} 和 dTR_{Fj}^{max} 的变化。研究结果表明，动态调整指标 dTR_j^{max} 和 dTR_{Fj}^{max} 之间表现出高度一致的演变规律。将动态调整指标 dTR_j^{max} 和 dTR_{Fj}^{max} 进行区域维度分解，发现东部、中部、西部三组区域分解指标，即动态调整指标 $dTRE_j^{max}$ 与 $dTRE_{Fj}^{max}$，$dTRM_j^{max}$ 与 $dTRM_{Fj}^{max}$，$dTRW_j^{max}$ 与 $dTRW_{Fj}^{max}$ 之间，都体现为高度一致的表现规律。很显然，区域内部不均等程度的动态调整，主要取决于财政能力资源配置的均等化程度，而非人口资源配置的均等化程度，无论在东部、中部、西部区域内部均体现出相同的演变规律。

最后，考察 TR_j 由最均衡状态变化到最不均衡状态，以及由最不均衡状态变化到最均衡状态演变中，调整指标 dTR_j^{max+}，dTR_j^{max-} 的演变情况。经严密推算，调整指标 dTR_j^{max+} 和 dTR_j^{max-} 的均值，分别为 4.646317 和 -4.641841，均值在绝对值上近似相等①。此外，调整

① 调整指标 dTR_j^{max+} 和 dTR_j^{max-} 的均值可表示为 $|average(dTR_j^{max+})| \approx |average(dTR_j^{max-})|$。

指标 dTR_j^{max+} 、dTR_j^{max-} 的均方差分别为0.000158和0.000162，均方差在数值上较相似[①]。很显然，所采用的“最大化不均等程度测量”方法整体调整过程波动幅度较小，时间序列泰尔指数模型（Long and Dense Time-Series Theil Indexes Model）“最均衡状态到最不均衡状态”“最不均衡状态到最均衡状态”研究框架，是基于现实数据的一个合理构造。

二　地方政府上解中央支出前，本级财政支出动态均等化水平测算

表3－2报告了1996—2008年中国31个省、自治区和直辖市上解中央支出前，地方政府本级财政支出指标体系动态均等化水平测算及区域维度分解情况。

首先，观察地方政府财政支出不均等程度动态调整指标 dTE ，其演变趋势可划分为4个阶段：1996—1998年为第一阶段，特点是指标 dTE 出现小幅上涨后迅速恢复到原有水平，从初始阶段的－0.000212水平，上升至1997年的0.002336后，重新回落至0.000133水平；1999—2001年为第二阶段，特点是指标 dTE 呈现波段性调整，基本围绕－0.0004至0.0002的区间上下波动；2002—2004年为第三阶段，特点是指标 dTE 快速上升并大幅超过先前水平，在较短时间内迅速跃升到一个新高点，后又大幅回落至原先水平，最高水平为0.004658；2005—2008年为第四阶段，特点是指标 dTE 维持低位水平波动后，逐渐出现上升趋势，最终重新回归0.001067水平。我们将动态调整指标 dTR 进行区域维度分解，可分解为东部、中部、西部动态调整指标，分别为 $dTEE$ ，$dTEM$ ，$dTEW$ 指标，分析各指标体系和 dTE 具有相同的变化规律，结果发现：动态调整指标 $dTEE$ 在2005年前表现出与调整指标较为类似的变化规律，在2005年后呈现出大幅下降趋势，最终下降至－0.057186水平；动态调整指标 $dTEM$ 初始阶段呈现出阶段性调整特点，1996年至2005年基本

---

① 调整指标 dTR_j^{max+} 和 dTR_j^{max-} 的均方差可表示为Standard Deviation（dTR_j^{max+}）≈Standard Deviation（dTR_j^{max-}）。

表 3 - 2　　地方政府本级财政支出指标体系动态均等化水平分解测算（1996—2008 年）

指标 / 年份	d*TE*	d*TEE*	d*TEM*	d*TEW*	d*TE′*	d*TEE′*	d*TEM′*	d*TEW′*
1996	-0. 000212	-0. 007432	0. 009410	-0. 002190	-0. 000235	-0. 001228	0. 001459	-0. 000466
1997	0. 002336	0. 028567	-0. 008100	-0. 018131	0. 001313	0. 005740	-0. 001347	-0. 003079
1998	0. 000133	0. 001074	0. 002704	-0. 003646	0. 000052	0. 000278	0. 000458	-0. 000683
1999	-0. 000427	-0. 014693	0. 014279	-0. 000014	-0. 000623	-0. 002973	0. 002322	0. 000028
2000	0. 000232	0. 000721	-0. 015919	0. 015430	0. 000065	-0. 000163	-0. 002096	0. 002324
2001	-0. 000480	-0. 023442	-0. 004059	0. 027021	-0. 000466	-0. 004410	-0. 000680	0. 004624
2002	-0. 000417	-0. 010481	-0. 001207	0. 011271	-0. 000210	-0. 001882	-0. 000196	0. 001868
2003	0. 004658	0. 046634	-0. 008143	-0. 033832	0. 002148	0. 009274	-0. 001218	-0. 005908
2004	0. 000192	-0. 006550	0. 016913	-0. 010171	-0. 000198	-0. 001020	0. 002708	-0. 001886
2005	0. 000131	0. 002368	-0. 001276	-0. 000961	0. 000014	0. 000286	-0. 000035	-0. 000237
2006	-0. 000343	-0. 010160	-0. 007334	0. 017151	-0. 000070	-0. 001637	-0. 001366	0. 002933
2007	0. 000054	-0. 038363	0. 038128	0. 000289	-0. 000986	-0. 006832	0. 006021	-0. 000175
2008	0. 001067	-0. 057186	0. 004929	0. 053324	-0. 000673	-0. 010635	0. 000846	0. 009117

续表

指标 / 年份	dTE_j^{max}	$dTEE_j^{max}$	$dTEM_j^{max}$	$dTEW_j^{max}$	dTE_{Fj}^{max}	$dTEE_{Fj}^{max}$	$dTEM_{Fj}^{max}$	$dTEW_{Fj}^{max}$
1996	0.000023	-0.006204	0.007951	-0.001724	0.000052	-0.006124	0.007974	-0.001798
1997	0.001023	0.022827	-0.006753	-0.015052	0.001023	0.022827	-0.006753	-0.015052
1998	0.000081	0.000797	0.002247	-0.002962	0.000045	0.000725	0.002333	-0.003013
1999	0.000196	-0.011720	0.011958	-0.000042	0.000096	-0.011944	0.012034	0.000006
2000	0.000167	0.000884	-0.013823	0.013106	-0.000067	0.000442	-0.013302	0.012793
2001	-0.000014	-0.019032	-0.003378	0.022397	-0.000028	-0.018976	-0.003347	0.022295
2002	-0.000207	-0.008599	-0.001011	0.009403	-0.000220	-0.008558	-0.000953	0.009291
2003	0.002510	0.037360	-0.006925	-0.027925	0.002511	0.037231	-0.006777	-0.027942
2004	0.000390	-0.005531	0.014205	-0.008284	0.000441	-0.005385	0.014222	-0.008396
2005	0.000117	0.002082	-0.001242	-0.000723	-0.000027	0.001758	-0.001008	-0.000777
2006	-0.000273	-0.008523	-0.005968	0.014217	-0.000197	-0.008269	-0.006079	0.014151
2007	0.001040	-0.031531	0.032107	0.000464	0.001180	-0.030885	0.031810	0.000256
2008	0.001740	-0.046551	0.004083	0.044208	0.001638	-0.046102	0.004162	0.043577

注：表格数据根据 1997—2009 年《中国财政年鉴》《中国统计年鉴》《中国人口统计年鉴》相关数据计算得出。

围绕0.017至-0.016的区间上下波动，最后阶段呈现出振荡上升趋势，最高上升到0.038128水平；动态调整指标dTEW初始阶段出现小幅下降后逐渐上升，上涨至2001年的0.027水平，此后出现持续下降状况，最低下降到2003年的-0.033832水平，最后阶段快速上升并超过原先水平，最高达到2008年的0.053324水平。可以说，在整体区域的动态调整过程中：东部地区在2005年作为动态调整过程的主导因素，对整体不均等程度的影响力度最大；但是，2005年后动态调整指标dTE不均等程度的提高，主要是由于中部地区、西部地区的影响所致。

其次，观察区域之间不均等程度调整指标dTE'的演变过程。相对于动态调整指标dTE而言，dTE'在2005年前表现出相似的演变趋势，而在2005年后两者的变化趋势逐渐背离，基本上划分为4个阶段：1996—1997年，调整指标dTE'出现小幅上涨后迅速恢复到原有水平，最高的水平上升至1997年的0.001313水平；1998—2001年，调整指标dTE'在较小范围内变化，调整幅度介乎0.000065与-0.00065之间；2002—2004年，调整指标dTE'出现快速回升并大幅超过原有水平，最高上升至2003年的0.002148水平后，重新回落到2004年的-0.000198水平；2005—2008年，调整指标dTE'呈明显下降趋势，由0.000014下降至-0.000673水平，与调整指标dTE相比明显不同。我们将dTE'进行区域维度分解为东部、中部、西部区域间调整指标，分别为dTEE'，dTEM'，dTEW'，结果发现：区域间调整指标dTEE'，dTEM'，dTEW'与区域整体调整指标dTEE，dTEM，dTEW表现出相似的演变趋势；东部区域间调整指标dTEE'与区域间整体调整指标dTE'表现基本一致，说明东部地区为影响区域之间不均等程度的重要区域。

再次，观察区域内部不均等程度动态调整指标dTE_j^{max}的演变趋势。相对于动态调整指标dTE而言，dTE_j^{max}在整个变化过程中表现出相似的演变趋势，可划分为4个阶段：1996—1997年为第一阶段，特点是指标dTE_j^{max}出现上涨趋势后重新回落到初始水平，最高上升至0.001023水平；1998—2001年为第二阶段，特点是指标dTE_j^{max}基本围绕在 0.0002 到 -0.000014 的范围内小幅振荡；2002—2004 年为第三阶段，特点是指标 dTE_j^{max} 快速攀升并大幅超越原有水平，最高达到了 0.00251 水平；2005—2008 年为第四阶段，特点是指标 dTE_j^{max} 短暂在低位水平进行调整后出现快速上升趋势，从最低的 -0.000273水平上升到0.00174 水平。我们将动态调整指标 dTE_j^{max} 分解为东部、中部、西部区域指标，分别为 $dTEE_j^{max}$，$dTEM_j^{max}$，$dTEW_j^{max}$，结果发现：动态调整指标 $dTEE_j^{max}$，$dTEM_j^{max}$，$dTEW_j^{max}$，与区域整体调整指标 $dTEE$，$dTEM$，$dTEW$，以及区域间调整指标 $dTEE'$，$dTEM'$，$dTEW'$ 等表现出相似的演变规律，在 2005 年前区域内部的动态调整主要由东部指标所主导，而 2005 年后主要以中部地区、西部地区的导向为主。

观察非固定人口效应、固定人口效应情况下调整指标 dTE_j^{max} 和 dTE_{Fj}^{max} 的变化。研究结果表明，动态调整指标 dTE_j^{max} 和 dTE_{Fj}^{max} 之间表现出高度一致的演变规律。将动态调整指标 dTE_j^{max} 和 dTE_{Fj}^{max} 进行区域维度分解，发现东部、中部、西部三组区域分解指标，即动态调整指标 $dTEE_j^{max}$ 与 $dTEE_{Fj}^{max}$，$dTEM_j^{max}$ 与 $dTEM_{Fj}^{max}$，$dTEW_j^{max}$ 与 $dTEW_{Fj}^{max}$ 之间，都体现为高度一致的表现规律。很显然，区域内部不均等程度的动态调整，主要取决于财政能力资源配置的均等化程度，而非人口资源配置的均等化程度，无论在东部、中部、西部区域内部均体现出相同的演变规律。

最后，考察 TE_j 由最均衡状态变化到最不均衡状态，以及由最不均衡状态变化到最均衡状态演变中，调整指标 dTE_j^{max+}，dTE_j^{max-} 的演变情况。经严密推算，调整指标 dTE_j^{max+} 和 dTE_j^{max-} 的均值，分别为 4.631607 和 -4.627594，均值在绝对值上近似相等。此外，调整指标 dTE_j^{max+}，dTE_j^{max-} 的均方差，分别为 0.0001335 和 0.000126，均方差在数值上较相似。由此可见，所采用的“最大化不均等程度测量”方法整体调整过程波动幅度较小，时间序列泰尔指数模型“最均衡状态到最不均衡状态”“最不均衡状态到最均衡状态”研究框架，是基于现实数据的一个合理构造。

三　地方政府上解中央支出前，本级基本公共服务财政均等化水平测算

为进一步分析基本公共服务①财政支出动态均等化②，我们运用时间序列泰尔指数对其进行有关测算。可以说，基本公共服务财政支出是我国提供公共服务的一种重要再分配机制，通过它可以调整各个地区基本公共服务资源的重新配置，和公共服务费用筹集的公平性。

---

① 对中国基本公共服务动态均等化水平的实证考察，首先需要明确基础文化教育、公共医疗卫生、基本社会保障等各项基本公共服务财政支出的研究范围。本书研究的基本公共服务财政支出，是指政府在基础文化教育、公共医疗卫生、基本社会保障方面所发生的预算支出，所引用的数据来源于《中国财政年鉴（1997—2009）》全国31个省、自治区和直辖市财政一般预算收支决策决算总表预算科目的统计数据。由于考虑到实际测算的需要，设定以下统计标准：测算基础文化教育动态均等化水平，1996—1997年的数据来源于决算总表所设立的文教事业费类预算科目，1998—2006年的数据来源于决算总表所设立的文体广播事业费类、教育支出类预算科目，2007—2008年的数据来源于决算总表所设立的文化体育与传媒类、教育类预算科目；测算公共医疗卫生动态均等化水平，1996—2002年的数据来源于决算总表所设立的卫生经费类预算科目，2003—2008年的数据来源于决算总表所设立的医疗卫生支出类预算科目；测算基本社会保障均等化水平，1996—2006年的数据来源于财政预算收支决策决算总表所设立的抚恤和社会福利救济费类预算科目，2007—2008年的数据来源于决算总表所设立的社会保障和就业预算科目。应该说明的是，我们所设定的统计口径考虑不同阶段基本公共服务概念界定范围的变化，在动态化的实证考察方面，增加了对各时期预算内财政支出概念范围转化的考察，体现不同社会历史发展阶段的时代特征。

② 基本公共服务均等化水平的考察，首先要解决的一个问题是如何设定均等化的衡量标准。在国外已有的研究中，通常以财政均等（Fiscal equalization）程度来衡量公共服务均等化水平。一些经济学家（Boadway，2004；Petchey，Levtchenkova，2007）指出，财政联邦制下的财政均等通常指中央以下各级政府以相似的税收成本提供相似服务水平，个人无论居住在哪里，都能确保平等地获得公共服务。Hofman等也强调，财政均等必须以个人从政府那里获得的财政支出均等为目标，即人均财力均等标准，这种衡量标准的前提假设是相同的财力能够带来等量的公共服务，忽略不同地区公共服务供给成本的差异（Anja Eichhorst，2007）。在借鉴国外研究的基础上，中国学者依据本国的实际情况，也提出了自己的均等化标准。马国贤（2008）系统地总结了基本公共服务均等化的有关标准：人均财力的均等化、公共服务的标准化、基本公共服务最低公平。人均财力的均等化是指中央政府（或上级政府）通过转移支付使各地方政府保持大致均等的人均财力，从而体现出公共服务水平的均等性。公共服务标准化是指通过由中央（或上级政府）颁布公共服务标准，并以此为依据建立转移支付模式。基本公共服务最低公平是指以国家的名义承诺，并以国家财力保障，全国必须达到的公共服务最低标准。上述三种标准应用于实际操作中各有优缺点。本书对中国基本公共服务均等化水平进行考察，采用的是人均财力均等化口径。原因在于：与公共服务标准化相比，人均财力均等化在实际操作中更具有可观察性和可评估性；与公共服务最低标准相比，人均财政能力均等化更能衡量真实基本公共服务的均等化水平，而不仅仅局限于最低标准的制约。

下面我们通过对基础文化教育、公共医疗卫生、基本社会保障的测算，来分析我国基本公共服务均等化支出的动态调整过程。

（一）基础文化教育指标体系动态均等化水平分析

表 3－3 报告了 1997—2008 年基础文化教育指标动态均等化程度的调整过程。首先观察总体不均等程度动态调整指标 $dTE1$，调整过程大致上可分为 4 个阶段：1997—1999 年，动态调整指标 $dTE1$ 出现下降趋势，从初始阶段的 0.002971，下降到 1999 年的 －0.000516 水平；2000 年后呈现出短暂的上升，2001 年回归 0.002039 水平；2002—2006 年再度下降，持续下降到 2006 年 －0.000825 的最低水平；2007 年出现小幅回升，但 2008 年重新回落到 －0.000448 水平。我们将 $dTE1$ 进行区域维度分解，结果发现：除东部指标出现下降外，中部、西部指标呈现回升趋势，说明在整体区域的动态调整过程中，东部区域作为动态调整过程的主导因素，对整体不均等程度的影响力度最大。其次，观察区域之间不均等程度调整指标 $dTE1'$ 的动态调整过程，调整过程大致可分为 3 个阶段：1997—2003 年，动态调整指标 $dTE1'$ 基本围绕 －0.0010 到 0.0016 的范围小幅波动，且略有下降；2004—2006 年调整指标 $dTE1'$ 逐渐下降，由 0.001000 下降到 －0.000916水平；2007 年小幅回升后，2008 年再度下降。我们将 $dTE1'$ 进行区域维度分解，结果发现：东部指标振荡下降，而中部、西部指标则振荡上升，说明东部地区依然是影响区域之间不均等的重要区域。再次观察区域内部不均等程度动态调整指标 $dTE1_j^{max}$ 的演变，大体上分为 4 个阶段：1997—1999 年为第一阶段，调整指标逐渐下降；2000—2002 年为第二阶段，调整指标迅速上涨并大幅超过初始水平，最高达到 0.002422 的水平；2003—2004 年为第三阶段，调整指标大幅下降，最终水平略低于前期低位；2005—2008 年为第四阶段，调整指标持续缓慢上升，上升幅度较小。我们将 $dTE1_j^{max}$ 进行区域维度的分解，结果发现：指标呈现出与上述区域分解指标相同的变化趋势，这也间接验证了区域分解的正确性。接下来，我们观察非固定人口效应、固定人口效应情况下调整指标 $dTE1_j^{max}$ 和 $dTE1_{Fj}^{max}$ 的变化，结果表明：指标 $dTE1_j^{max}$ 与 $dTE1_{Fj}^{max}$ 的变化趋势高度一致，这说明区

表 3 - 3　基础文化教育指标体系动态均等化水平分解测算（1997—2008 年）

年份＼指标	dTE1	dTEE1	dTEM1	dTEW1	dTE1′	dTEE1′	dTEM1′	dTEW1′
1997	0. 002971	0. 033669	-0. 008695	-0. 022002	0. 001593	0. 006741	-0. 001455	-0. 003693
1998	0. 001550	0. 018369	-0. 026437	0. 009619	0. 001097	0. 003684	-0. 004135	0. 001548
1999	-0. 000516	-0. 015385	0. 013853	0. 001016	-0. 000691	-0. 003122	0. 002230	0. 000201
2000	0. 000965	0. 014757	-0. 010495	-0. 003298	0. 000521	0. 002588	-0. 001230	-0. 000837
2001	0. 002039	-0. 005149	-0. 034389	0. 041577	0. 000917	-0. 000871	-0. 005328	0. 007116
2002	0. 001420	-0. 030344	0. 050189	-0. 018425	-0. 001002	-0. 005760	0. 007973	-0. 003215
2003	0. 001564	0. 021522	-0. 008708	-0. 011249	0. 001000	0. 004372	-0. 001312	-0. 002060
2004	-0. 000009	-0. 001515	0. 004171	-0. 002665	0. 000020	-0. 000036	0. 000680	-0. 000623
2005	-0. 000213	-0. 003523	-0. 001938	0. 005249	-0. 000198	-0. 000864	-0. 000140	0. 000806
2006	-0. 000825	-0. 034239	0. 011662	0. 021752	-0. 000916	-0. 006292	0. 001643	0. 003733
2007	0. 000206	-0. 005661	0. 015715	-0. 009848	-0. 000023	-0. 000530	0. 002394	-0. 001887
2008	-0. 000448	-0. 038090	0. 006674	0. 030968	-0. 000817	-0. 007073	0. 001123	0. 005133

续表

指标 年份	$dTE1_j^{max}$	$dTEE1_j^{max}$	$dTEM1_j^{max}$	$dTEW1_j^{max}$	$dTE1_{Fj}^{max}$	$dTEE1_{Fj}^{max}$	$dTEM1_{Fj}^{max}$	$dTEW1_{Fj}^{max}$
1997	0. 001378	0. 026928	−0. 007240	−0. 018310	0. 001378	0. 026928	−0. 007240	−0. 018310
1998	0. 000453	0. 014684	−0. 022302	0. 008071	0. 000413	0. 014602	−0. 022201	0. 008012
1999	0. 000174	−0. 012263	0. 011623	0. 000814	0. 000068	−0. 012490	0. 011698	0. 000861
2000	0. 000443	0. 012169	−0. 009265	−0. 002461	0. 000206	0. 011689	−0. 008761	−0. 002721
2001	0. 001122	−0. 004278	−0. 029061	0. 034461	0. 001087	−0. 004266	−0. 028965	0. 034317
2002	0. 002422	−0. 024584	0. 042216	−0. 015210	0. 002435	−0. 024487	0. 042138	−0. 015216
2003	0. 000564	0. 017150	−0. 007396	−0. 009190	0. 000563	0. 017103	−0. 007245	−0. 009295
2004	−0. 000029	−0. 001478	0. 003491	−0. 002042	0. 000015	−0. 001351	0. 003555	−0. 002188
2005	−0. 000014	−0. 002659	−0. 001798	0. 004443	−0. 000166	−0. 002958	−0. 001563	0. 004356
2006	0. 000091	−0. 027947	0. 010020	0. 018018	0. 000157	−0. 027575	0. 009808	0. 017924
2007	0. 000229	−0. 005131	0. 013321	−0. 007961	0. 000399	−0. 004668	0. 013161	−0. 008093
2008	0. 000369	−0. 031018	0. 005551	0. 025836	0. 000324	−0. 030690	0. 005617	0. 025396

注：表格数据根据 1997—2009 年《中国财政年鉴》《中国统计年鉴》《中国人口统计年鉴》相关数据计算得出。

域内部不均等程度的调整取决于财政支出资源配置的均等化程度。最后，通过对调整指标 $dTE1_j^{max+}$，$dTE1_j^{max-}$ 其均值和均方差的计算，结果发现：调整指标的均值为 4.635668、-4.631445，均方差为 0.000119、0.000116，说明整体调整过程波动幅度较小，模型指标的拟合结果较为理想，调整指标体系是基于现实的一个合理构造。

以上演变过程与中国基础文化教育体制的改革进程基本吻合。20 世纪 90 年代中期，中共中央、国务院颁布了《中国教育改革和发展纲要》，提出我国教育发展总体目标，是在保证必要的教育投入和办学条件的前提下，全国基本普及九年制义务教育、基本扫除青壮年文盲，即所谓“两基政策”，基础文化教育得到迅速但短暂的发展，总体不均等程度出现下降趋势，一直持续到 1999 年。但是，由于“分税制”体制改革的实施，各级地方政府财源缩减，基础文化教育经费投入不足，开始阻碍基础文化教育的发展，特别是在 2000 年后表现得更为突出，使得区域间差距发展起来，总体不均等水平出现扩大趋势。为改变这种局面，国务院在 2001 年颁布《关于基础教育改革与发展的决定》，明确提出义务教育管理“实行在国务院领导下，由地方政府负责、分级管理、以县为主的体制”，加大中央和省级财政的扶持力度，使基础文化教育状况有所改善，逐步缩小区域间的差距，总体不均等水平再度下降，一直持续到 2006 年。在这段时期内，“以县为主”的教育投入体制，一定程度上缓解了基础文化教育经费紧张的局面，但是，由于我国经济发展存在较大的非均衡性，特别是在中、西部等贫困落后地区，县级政府对基础文化教育经费投入始终不足，严重阻碍地方政府基础文化教育事业的发展，甚至总体不均等水平近年一度出现回升现象。值得注意的是，恰逢此时国家开始对基础文化教育经费保障机制进行新一轮改革：2005 年，国务院发布《关于深化农村义务教育经费保障机制改革的通知》，全面免除农村义务教育阶段学生学杂费，并向全国农村义务教育阶段学生免费提供教科书；2008 年，国务院发布《关于做好免除城市义务教育阶段学生学杂费工作的通知》，将免除义务教育阶段学生学杂费的范围扩大到全国城市范围内。国家出台的相关政策产生积极的效果，较大范围促进了我国基础文化教育事业发展，促使总体不均等程度在 2008 年重现下降趋势。

（二）公共医疗卫生指标体系动态均等化水平分析

表 3 - 4 报告了 1997—2008 年公共医疗卫生指标动态均等化程度的调整过程。首先，观察总体不均等程度调整指标 $dTE2$ ，其演变趋势可划分为 4 个阶段：1997—1999 年为第一阶段，特点是指标 $dTE2$ 出现下降，从初始阶段的 0. 003077，下降到 1998 年的 - 0. 000408 水平；2000—2004 年为第二阶段，特点是指标 $dTE2$ 呈现波段性调整，基本围绕 - 0. 0003 至 0. 002 的区间上下波动；2005—2007 年为第三阶段，特点是指标 $dTE2$ 迅速出现上升，从 2005 年的 - 0. 000354 提升至 2007 年的 0. 003167；2007—2008 年为第四阶段，特点是指标 $dTE2$ 大幅下降，最终重新回归到 - 0. 000452 水平。我们将 $dTE2$ 进行区域维度分解，结果发现：2005 年前，东部、中部、西部指标均围绕 - 0. 02 至 0. 04 区间上下波动；但在 2005 年后，中部、西部指标呈现与 $dTE2$ 相似的演变规律，说明近年内中部、西部区域作为调整过程的主导因素，对整体不均等程度影响较大。其次观察区域之间不均等程度调整指标 $dTE2'$ 的动态调整过程，大致可分为 3 个阶段：1997—2003 年，调整指标 $dTE2'$ 围绕 - 0. 0005 到 0. 0018 范围小幅波动，整体趋势振荡向下，其振幅逐渐趋窄；2004—2006 年，调整指标 $dTE2'$ 呈明显下降趋势，由 0. 000606 下降到 - 0. 001484 水平；2007 年后，调整指标 $dTE2'$ 重新上升，最终回归至 - 0. 000651 水平。我们将 $dTE2'$ 进行区域维度分解，结果发现东部指标振荡下降，而中部、西部指标则振荡上升，说明区域之间不均等受东部地区的影响较大。再次，观察区域内部不均等程度动态调整指标 $dTE2_j^{max}$ 的演变，调整过程大致上可分为 3 个阶段：1997—2003 年，调整指标 $dTE2_j^{max}$ 围绕 - 0. 00005 至 0. 0015 的区间波动；2004—2007 年，$dTE2_j^{max}$ 快速上升并大幅超过先前水平，在较短时间内迅速跃升到一个新平台；2007 年后快速下降，由 0. 004652 回落到 0. 000199 水平。我们将 $dTE2_j^{max}$ 进行区域维度的分解，结果发现：中部、西部指标呈现与指标 $dTE2_j^{max}$ 类似的趋势，证明中部、西部是影响区域内部不均等的重

表 3－4 公共医疗卫生指标体系动态均等化水平分解测算（1997—2008 年）

年份＼指标	d*TE*2	d*TEE*2	d*TEM*2	d*TEW*2	d*TE*2′	d*TEE*2′	d*TEM*2′	d*TEW*2′
1997	0. 003077	0. 035699	－0. 014081	－0. 018541	0. 001800	0. 007201	－0. 002221	－0. 003180
1998	0. 001516	0. 017019	－0. 021329	0. 005826	0. 001170	0. 003447	－0. 003200	0. 000924
1999	－0. 000408	－0. 007877	0. 006020	0. 001450	－0. 000447	－0. 001669	0. 000941	0. 000280
2000	0. 002154	0. 024305	－0. 022028	－0. 000123	0. 001273	0. 004507	－0. 002913	－0. 000321
2001	－0. 000199	－0. 028702	－0. 007208	0. 035711	－0. 000431	－0. 005524	－0. 001101	0. 006194
2002	－0. 000327	－0. 005994	0. 004189	0. 001478	－0. 000244	－0. 001028	0. 000619	0. 000165
2003	0. 002135	0. 017523	0. 013314	－0. 028702	0. 000606	0. 003634	0. 002058	－0. 005087
2004	－0. 000175	－0. 003622	0. 005281	－0. 001834	－0. 000131	－0. 000447	0. 000814	－0. 000498
2005	－0. 000354	－0. 028770	－0. 004751	0. 033167	－0. 000695	－0. 005823	－0. 000566	0. 005694
2006	0. 000908	－0. 024207	0. 043514	－0. 018399	－0. 000981	－0. 004378	0. 006536	－0. 003140
2007	0. 003167	－0. 092384	0. 055303	0. 040249	－0. 001484	－0. 017042	0. 008724	0. 006834
2008	－0. 000452	－0. 030029	0. 016664	0. 012912	－0. 000651	－0. 005459	0. 002741	0. 002068

续表

指标 年份	$dTE2_j^{max}$	$dTEE2_j^{max}$	$dTEM2_j^{max}$	$dTEW2_j^{max}$	$dTE2_{Fj}^{max}$	$dTEE2_{Fj}^{max}$	$dTEM2_{Fj}^{max}$	$dTEW2_{Fj}^{max}$
1997	0. 001277	0. 028498	-0. 011860	-0. 015361	0. 001277	0. 028498	-0. 011860	-0. 015361
1998	0. 000346	0. 013573	-0. 018129	0. 004902	0. 000294	0. 013489	-0. 018038	0. 004843
1999	0. 000040	-0. 006209	0. 005079	0. 001170	-0. 000081	-0. 006452	0. 005153	0. 001217
2000	0. 000881	0. 019797	-0. 019114	0. 000198	0. 000547	0. 019280	-0. 018649	-0. 000084
2001	0. 000232	-0. 023178	-0. 006107	0. 029517	0. 000209	-0. 023109	-0. 006072	0. 029389
2002	-0. 000082	-0. 004966	0. 003570	0. 001313	-0. 000097	-0. 004937	0. 003607	0. 001234
2003	0. 001529	0. 013889	0. 011256	-0. 023615	0. 001523	0. 013856	0. 011324	-0. 023657
2004	-0. 000044	-0. 003175	0. 004468	-0. 001337	-0. 000012	-0. 003036	0. 004519	-0. 001495
2005	0. 000341	-0. 022947	-0. 004185	0. 027473	0. 000124	-0. 023143	-0. 003964	0. 027231
2006	0. 001889	-0. 019829	0. 036977	-0. 015259	0. 002005	-0. 019503	0. 036610	-0. 015102
2007	0. 004652	-0. 075343	0. 046579	0. 033415	0. 004669	-0. 074402	0. 046177	0. 032894
2008	0. 000199	-0. 024569	0. 013923	0. 010845	0. 000168	-0. 024296	0. 013922	0. 010541

注：表格数据根据 1997—2009 年《中国财政年鉴》《中国统计年鉴》《中国人口统计年鉴》相关数据计算得出。

要区域。接下来，我们发现指标 $dTE2_{Fj}^{\max}$ 与 $dTE2_{j}^{\max}$ 呈现高度一致的演变趋势，说明区域内部不均等的调整取决于财政支出资源配置的均等化程度。最后，计算调整指标 $dTE2_{j}^{\max+}$，$dTE2_{j}^{\max-}$ 的均值和均方差，发现调整指标的均值为 4.635668、-4.631445，说明指标具有对称性的特征，并由于调整指标具有 0.000126、0.000106 的均值，表明指标体系具有较好的模拟程度。

以上演变过程与近年内我国公共医疗卫生的改革历程高度吻合。1996 年，中共中央、国务院出台《关于卫生改革与发展的决定》，明确提出推进卫生改革的具体方案，在医疗领域主要有改革城镇职工医疗保险制度、改革卫生管理体制、积极发展社区卫生服务、改革卫生机构运行机制等，由此成为这段时期医疗改革的基调和依据，公共医疗卫生事业得到快速发展，总体不均等程度逐步下降。这个阶段仍在改革探索中，伴随着医疗机构市场化的是与非的争议，各项探索性改革仍在进行。进入 2000 年后，我国公共医疗卫生改革基本上处于徘徊不前状态，这主要是由于政府对公共医疗领域投入不足，再加上卫生政策失当，一些地方开始公开拍卖、出售乡镇卫生院和地方的国有医院，公共医疗卫生改革难以推动。2003 年 SARS 事件是对我国卫生医疗体系的一次严峻的考验，这一事件直接暴露出了我国在公共卫生领域存在的诸多问题，并对下一阶段公共医疗卫生改革的进程产生较为严重影响，特别是进入 2005 年后，卫生部门关于医疗机构改革市场化的争论一直都存在，公立医疗机构的公益性质逐渐淡化，追求经济利益导向在卫生医疗领域蔓延开来，这种思想严重阻碍我国医疗体制改革的进展，促使公共医疗卫生差距的进一步扩大，“看病难、看病贵”依旧成为整体社会关注的焦点。为扭转医疗改革停滞不前的局面，国家发改委等部门组织召开中国医药卫生体制改革国际研讨会，对我国新一轮医改方案进行评审，成立由 11 个有关部委组成的医改协调小组，促进医院端正办院方向，牢记服务宗旨，树立“以病人为中心”的理念，规范医疗行为，改善服务态度，提高医疗质量，降低医疗费用。中共十七大报告中首次完整提出中国特色卫生医疗体制的制度框架包括公共卫生服务体系、医疗服务体系、医疗保障体系、药品供应保障体系四个重要组成部分，这是在新时期对卫生医疗体系构成的全面概括。新一轮的医改正式启动，国家出台的相关政策产生积极的效果，促进公共医疗卫生事业得以快速发展，进一步缩小我国公共医疗卫生服务的差距，总体不均等程度再度出现下降趋势。

（三）基本社会保障指标体系动态均等化水平分析

表3-5报告了1997—2008年基本社会保障指标动态均等化程度的调整过程。首先，观察总体不均等程度调整指标 $dTE3$，其演变趋势可划分为5个阶段：1997—1998年为第一阶段，特点是指标 $dTE3$ 平稳上涨，从初始阶段的0.007439，上升到0.012903水平；1999—2000年为第二阶段，特点是指标 $dTE3$ 呈快速下降趋势，整体不均等程度快速调整至0.002108水平；2000—2001年为第三阶段，特点是指标 $dTE3$ 骤然上升至0.025499水平，并大幅度超过先前水平；2002—2003年为第四阶段，特点是指标 $dTE3$ 大幅下降，重新回归到0.003567水平；2004年后为第五阶段，特点是指标 $dTE3$ 进入波段性调整时期，基本围绕0至0.005的区间上下波动。我们将 $dTE3$ 进行区域维度分解，结果发现：除东部指标出现下降外，中部、西部指标在大部分时期内均与总体不均等指标保持相似的变化趋势，说明中部、西部区域作为动态调整过程的主导因素，对整体不均等程度的影响力度最大。其次，观察区域之间不均等程度调整指标 $dTE3'$ 的动态调整过程，大致可分为3个阶段：1997—2002年，调整指标 $dTE3'$ 围绕0.001至0.005的区间上下振荡，振幅逐渐趋窄；2003—2006年，调整指标 $dTE3'$ 呈明显振荡下降趋势，由0.003097调整至-0.000273水平；2007—2008年，调整指标 $dTE3'$ 出现缓慢回升，最终回归到0.000736水平。我们将 $dTE3'$ 进行区域维度分解，发现东部区域作为影响区域之间不均等程度最为重要的区域，保持与总体不均等指标较为相似的变化趋势。再次，观察区域内部不均等程度动态调整指标 $dTE3_j^{max}$ 的演变，大致分为5个阶段，调整过程的演变趋势类似于总体不均等程度调整指标 $dTE3$ 的变化趋势。我们将 $dTE3_j^{max}$ 进行区域维度的分解，结果发现：中部、西部指标呈现与指标 $dTE3_j^{max}$ 类似的趋势，证明中部、西部是影响区域内部不均等的重要区域。接下来，

表 3 – 5　　基本社会保障指标体系动态均等化水平分解测算（1997—2008 年）

指标 / 年份	dTE3	dTEE3	dTEM3	dTEW3	dTE3'	dTEE3'	dTEM3'	dTEW3'
1997	0. 007439	0. 075271	–0. 037153	–0. 030680	0. 003087	0. 014563	–0. 006104	–0. 005372
1998	0. 012903	–0. 066758	0. 123636	–0. 043975	0. 001366	–0. 012492	0. 021349	–0. 007491
1999	0. 014713	0. 108533	–0. 089678	–0. 004142	0. 005524	0. 020874	–0. 014684	–0. 000666
2000	0. 002108	0. 026736	–0. 031658	0. 007030	0. 001136	0. 004895	–0. 004654	0. 000895
2001	0. 025499	–0. 129474	0. 182401	–0. 027429	0. 003200	–0. 024110	0. 031871	–0. 004561
2002	0. 013399	–0. 014415	–0. 086414	0. 114228	0. 003097	–0. 002557	–0. 014481	0. 020135
2003	0. 003567	–0. 031086	0. 062066	–0. 027412	0. 000232	–0. 005599	0. 010778	–0. 004947
2004	0. 002460	0. 036079	–0. 012691	–0. 020928	0. 001035	0. 006951	–0. 002150	–0. 003765
2005	0. 001220	0. 016616	0. 000397	–0. 015793	0. 000482	0. 002956	0. 000272	–0. 002746
2006	0. 001922	–0. 064094	0. 044050	0. 021966	–0. 000273	–0. 011472	0. 007410	0. 003789
2007	–0. 000180	–0. 002102	–0. 005825	0. 007747	0. 000027	0. 000094	–0. 001167	0. 001099
2008	0. 003615	–0. 050694	–0. 018693	0. 073002	0. 000736	–0. 008950	–0. 003159	0. 012846

续表

指标 年份	$dTE3_j^{max}$	$dTEE3_j^{max}$	$dTEM3_j^{max}$	$dTEW3_j^{max}$	$dTE3_{Fj}^{max}$	$dTEE3_{Fj}^{max}$	$dTEM3_{Fj}^{max}$	$dTEW3_{Fj}^{max}$
1997	0. 004352	0. 060708	−0. 031048	−0. 025308	0. 004352	0. 060708	−0. 031048	−0. 025308
1998	0. 011537	−0. 054266	0. 102287	−0. 036484	0. 011525	−0. 054291	0. 102325	−0. 036508
1999	0. 009189	0. 087660	−0. 074994	−0. 003476	0. 009083	0. 087296	−0. 074789	−0. 003423
2000	0. 000972	0. 021841	−0. 027004	0. 006135	0. 000757	0. 021352	−0. 026440	0. 005846
2001	0. 022299	−0. 105364	0. 150531	−0. 022868	0. 022311	−0. 105048	0. 150173	−0. 022814
2002	0. 010302	−0. 011858	−0. 071934	0. 094093	0. 010183	−0. 011807	−0. 071642	0. 093632
2003	0. 003335	−0. 025487	0. 051288	−0. 022466	0. 003367	−0. 025365	0. 051251	−0. 022520
2004	0. 001425	0. 029128	−0. 010540	−0. 017163	0. 001468	0. 029095	−0. 010397	−0. 017230
2005	0. 000737	0. 013659	0. 000125	−0. 013047	0. 000690	0. 013312	0. 000401	−0. 013023
2006	0. 002195	−0. 052622	0. 036639	0. 018178	0. 002182	−0. 052125	0. 036225	0. 018082
2007	−0. 000207	−0. 002196	−0. 004658	0. 006648	−0. 000143	−0. 001818	−0. 004702	0. 006377
2008	0. 002879	−0. 041744	−0. 015534	0. 060156	0. 002736	−0. 041345	−0. 015274	0. 059355

注：表格数据根据 1997—2009 年《中国财政年鉴》《中国统计年鉴》《中国人口统计年鉴》相关数据计算得出。

我们观察非固定人口效应、固定人口效应情况下调整指标 $dTE3_j^{max}$ 和 $dTE3_{Fj}^{max}$ 的变化，结果表明：指标 $dTE3_j^{max}$ 和 $dTE3_{Fj}^{max}$ 的变化趋势基本重合，这说明区域内部不均等程度的调整，高度倾向于财政支出资源配置的均等化程度。最后，通过对调整指标 $dTE3_j^{max+}$，$dTE3_j^{max-}$ 其均值和均方差的计算，结果发现：调整指标的均值为 4.638600、-4.629227，均值为 0.000097、0.000108，说明整体调整过程波动幅度较小，模型指标的拟合结果较为理想，调整指标体系是基于现实的一个合理构造。

上述演变过程与近年内我国基本社会保障的演变历程基本上是一致的。改革开放之后，为适应国有企业体制转换的需要，国家以企业退休费用社会统筹试点为起点，逐步开展社会保障制度改革，先后启动了养老、医疗、失业、工伤和生育费用社会统筹试点。但是，社会保障制度建设长期针对国有体制下的企业职工，并无覆盖迅速增长的非公组织从业人员，迫使非从业居民的社会保障长期处于空白状态，这种状况一直持续到 20 世纪 90 年代末期。为逐步完善我国基本社会保障体系的建设，国务院先后发布《关于建立统一的企业职工基本养老保险制度的决定》《关于职工医疗保障制度改革扩大试点的意见》《企业职工工伤保险试行办法》《失业保险条例》《城市居民最低生活保障条例》等条例，在基本养老保险、医疗保障、工伤保障、失业保险、最低生活保障等方面，缩小我国基本社会保障区域间差距，完善我国的社会保障体系。值得注意的是，这些政策方针的实施，覆盖范围仅限于国有企业职工体系，无法从制度安排上确立我国的社会保障体系，总体不均等水平在经过短暂下降后，又进一步出现快速上升的趋势。鉴于此，国家通过一系列的试点改革方案，逐步扩充社会保障体制的覆盖范围，试图从根源方面缩小基本社会保障的整体不均等状况。在基本养老保险制度方面，国务院发布《关于完善企业职工基本养老保险制度的决定》，统一了城镇个体工商户和灵活就业人员参保缴费政策，建立了参保缴费的激励约束机制，进一步扩大了做实个人账户试点。此外，国务院通过《国务院关于解决农民工问题的若干意见》，提出根据农民工最紧迫的社会保障需求，坚持分类指导、稳步推进，优先解决工伤保险和大病医疗保障问题，逐步解决养老保障问题。在医疗保障制度方面，逐渐向农村和城镇非从业居民扩展，先后开展新型农村合作医疗试点和城镇居民基本医疗保险试点，实现了医疗保障制度的全覆盖。在最低生活保障方面，首先在城市建立保障制度，并将覆盖范围逐步扩展到农村地区；其次城市医疗救助制度于2005年开始试点，覆盖范围不断扩大。值得一提的是，中共十六届六中全会通过《中共中央关于建立社会主义和谐社会若干重大问题的决定》，将社会保障问题上升到建设和谐社会的高度来认识，将社会保障体系的建立与完善，作为实现和保障社会公平正义的六大制度安排之一，突出社会保障在实现社会公平和社会和谐中的重大作用，社会保障制度正式成为国家发展必要的基本制度安排。在此时期内，基本社会保障事业得以快速发展，进一步缩小我国基本社会保障的差距，总体不均等程度呈根本性下降趋势，彻底改善我国基本社会保障区域差距较大的问题。

第三节　地方政府本级财政能力均等化现状的一般性分析

实现地方政府间财政能力均等化是中国公共财政体制改革的内在要求，在公共政策层面上被确定为我国今后一段时期内社会经济发展的目标，其根本目标是要逐步解决长期存在的区域之间发展严重失衡的问题，使全体人民无论生活在中国的哪个地域、从事何种职业都能够享受到大致均等的最基本的公共服务。很显然，这样的举措符合广大人民的根本利益和偏好，从而能够使中央政府获得更大的合法性支持。中央政府在推行财政能力均等化战略过程中，地方政府的作用是不能被忽视的。现行公共服务供给体制下，地方政府是公共服务的最主要提供主体，公共服务将主要依靠当地政府的财政能力进行自我供给，也就是说，财政能力均等化战略只有依托地方政府才能得以实现。事实上，中央政府和地方政府之间客观上存在着委托—代理关系①，即中央政府是委托人，地方政府是代理人。中央政府要通过设计合理的激励约束机制，促使地方政府代表中央政府的意愿贡献出最优的努力水平，实现政府财政能力均等化的目标。在中央政府能够观测到地方政府努力水平的前提下，通过对地方政府设计激励约束合同，政府间财政能力均等化战略在理论上是可以实现的。为了具体说明第三章的测算结果，本书在中央与地方委托—代理模型的研究框架下，按照新中国成立以来财政体制变迁过程为研究思路，研究中央政府与地方政府的博弈过程，分析特定历史背景下中国政府间财政能力均等化所面临的约束机制。

新中国成立以来，中国经济社会体制经历了巨大的变化，与这种变迁相适应，财政体制也经历了曲折漫长的变迁过程。财政体制作为经济社会体制的一部分，经济社会体制的变化本身要求财政体制作出相应的调整，以适应经济社会体制的变化，从而推动了财政体制的发展。此外，财政体制的变迁和优化，反过来促进经济社会的发展，推动经济社会体制其他部分的变革。从这样的意义上讨论，两者相辅相成，互为前提。新中国成立以来，在经济社会变迁的制度背景下，财政体制经历了几个阶段的变化，大致分为以下 4 个阶段。第一阶段：从新中国成立到 1979 年，这一阶段是逐步建立与计划经济体制相适应的财政体制过程；第二阶段：从 1979 年到 1994 年，这一阶段改革开放市场经济体制逐渐替代了计划经济体制，财政体制从适应计划经济体制的需要逐步转变为适应市场经济体制的需要；第三阶段：从 1994 年到 2002 年，这一阶段的财政分权体制改革初步建立了与社会主义市场经济相适应的财政体制；第四阶段：从 2003 年至今，这一阶段财政体制逐渐转变为适应科学发展观，实现经济社会可持续发展的需要，财政体制的变迁和优化进入一个崭新的阶段。

一 计划经济时期财政体制变迁

中国是一个有着中央集权传统的单一体制国家，这一政治传统在

---

① 冯海波：《委托—代理关系视角下的农村公共物品供给》，《财经科学》2005 年第 3 期。

新中国成立后由于特殊国情在很大程度上得以保留和加强。在新中国成立初期特定国情下，高度集中的国家政治权力是建立计划经济体制的制度保证，同时也为中央政府自上而下强制性制约提供政治基础。众所周知，创建于新中国成立初期并主导中国计划经济时期的财政体制安排，其根本的初衷与目的在于：最大限度地集中社会资源，尽快摆脱短缺和贫困的经济状态。值得一提的是，政府不再主要依赖于税收收入获得财政收入，而主要依靠国有工业的利润上缴。换而言之，政府参与社会经济资源分配的角色，不仅依靠政治权力征收税收，而且凭借对工业生产资料的占有权，和对经济活动的定价权获取政治性超额利润，对农产品原料和粮食等初级产品规定很低的价格，将非国有部门的剩余价值转移到工业领域，然后通过垄断性国有工商企业的利税上缴，把国有经济的几乎全部剩余纳入预算。这样，工业部门上缴的利润和税收，就成为了我国预算收入的主要源泉。在这种体制背景环境下，各种改革制度设计的出发点是，如何利用政府手中的政治权力激励经济部门和各级政府大力发展重工业经济，基于这一目的的制度变革，也构成了计划经济体制时期中国经济社会发展的基本内核。可以说，以发展重工业为核心的政府职能异化，来源于中国政府所执行的“优先发展重工业”国家战略，政府经济建设职能被突出出来，表现为政府资源更多的集中于重工业发展领域，这种由政府职能异化导致的大量政府主导的工业支出和相关政策，成为了计划经济年代财政收入增长的重要推动力量。在这种体制改革背景下：重工业优先发展区域，财政收入持续增长，政府财政能力逐渐增强；非重工业有限发展区域，财政收入增长缓慢，政府财政能力逐步减弱。问题还不止于此，由于中央政府实施统收统支的财政体制①，使中央政府在与地方政府的财政博弈中占据支配地位，并通过高度集中的财政体制控制地方政府财政支出，决定了政府会将财政资金尽可能多地投入生产建设领域，尤其是重化工业方面，由此产生的后果必然是投入公

---

① 中央政府实施的统收统支财政体制，指在计划经济时期，地方政府财政收入上缴中央，财政支出由中央核定指标的财政体制。

共服务财政支出领域的资金尽可能地缩减，加剧了地方政府间财政能力的非均衡区域发展。可以说，计划经济时期“优先发展重工业”国家战略，决定了国家工业化的资本原始积累来源于非重工业领域，造成不同区域政府间财政能力的差异，而这种差异又由于中央政府所实施的财政体制得以固化。

二 改革开放时期财政体制变迁

自改革开放以来，中国发展的重心就是加快经济增长并迅速增强国家实力，重新确立了“以经济建设为中心”的国家发展战略。新的国家发展战略虽然在相当程度上改变了计划经济时期“高积累、低消费”的政策，但对GDP快速增长的偏好，使得政府将相当规模的财政资金投入经济建设领域，整个国家的公共服务水平与计划经济时期相比虽然有所提高，但无论在数量上还是在质量上仍远远不能满足人民的需求。值得一提的是，中央政府对地方政府具有自上而下的政治体制约束，通过对地方政府的政绩考核与晋升激励，极大地鼓励地方政府发展本地经济。可以想象，地方政府必然会充分利用手中可以掌握的经济资源大力发展经济，将更多的精力投入能够促进地区经济发展的公共投资领域，实现本辖区经济的快速稳定增长。现实的情况是，地方政府通过大规模基本建设投资改善投资环境，大力扶持隶属本辖区的国有企业，努力积极发展本地经济①。在中央政府晋升博弈的强制约束下，地方政府具有较强发展辖区经济的政治激励。由于各地区资源禀赋和国家政策支持力度的不同，导致了不同类型的地区经济发展差距越来越大，客观上形成了东部、中部和西部三个经济区域，由此加剧了政府间财政能力的非均衡发展。更为重要的是，财政体制为顺应国家发展战略的变化而作出改变，但这种调整固化了地方政府区域财政能力非均衡发展的格局。改革开放之初，为了加快经济发展，中央政府实行了“放权让利”改革，赋予了地方政府发展地

① 周黎安：《晋升博弈中的政府官员的激励与合作》，《经济研究》2004年第6期。

方经济更多的自主权，实施了以财政承包制为核心的财政体制改革①，在充分调动地方政府发展经济积极性的同时，动摇中央政府在掌握和控制社会资源上的地位。在政府权力未受到有效制约的情况下，地方政府权力和利益日益膨胀，直接导致严重的地区封锁和各自为政问题，强化了地方封锁、地区分割的“诸侯经济”倾向，使地方政府间财政能力非均衡格局愈演愈烈。

三　财政分权时期财政体制变迁

1994年的财政分权体制改革借鉴了国际上通行的分税制财政体制，在中央政府与地方政府之间，实行了分税制的财政体制取代了财政包干制度，并相应建立了国家税务局和地方税务局两套税务机构，分别负责征收中央税和地方税。这次财政分权体制改革是，在完善发展中国市场经济体制背景下所进行的一次激进式改革，改革方向顺应了中共十四大所确立“建立社会主义市场经济体制”的国家发展战略目标，财政分权体制改革直接推动了中国社会主义市场经济体制的历史演变。通过这次财税体制改革，初步建立了国家财政收入稳定增长的机制，规范了中央与地方经济收入的来源和征管，确立以分税制为核心的中央与地方利益关系的形成，取代上下级政府间财政包干式或讨价还价的传统体制，根本的初衷与目的在于，确立以分税制为核心的中央与地方利益关系。值得一提的是，此次的财政分权体制改革体现出非彻底性特征，在很大程度上保持了地方既得利益。分税制财政体制仅明确中央和省级地方政府的财政分配模式，并无明确省级以下地方政府的财政分配模式。地方政府财政能力层层向上集中，使得较低级层次政府财力处于不稳定状态，尤其是县乡财政能力尤为薄弱②。财政分权体制改革的

---

① 中央政府于1980年开始实施“分灶吃饭”的财政分权体制，1988年后又实行多种形式的“大包干”财政体制，统称为财政承包制改革。在实施财政承包制改革后，中央政府的财政收入不仅仅取决于地方政府之间协商达成的分配比例，还依赖于地方政府财政努力的积极性与主动性。

② 田发、周琛影：《基层财政解困：一个财政体制变迁的分析框架》，《经济学家》2007年第1期。

不彻底性，客观上造成区域内部各级地方政府间财政能力的非均衡性，并进一步加剧地方政府间非均衡财政能力的不稳定性。问题还不止于此，由于财政体制分权的不彻底性，导致地方政府承担不少本应由中央财政承担的事务，即所谓政府间财权与事权的不匹配。这种财政体制本身固有的缺陷，造成地方财政尤其是县乡级财政日益吃紧，地方政府间财政能力的非均衡特性也由此得以固化。

进入21世纪以后，国家发展战略在逐渐地进行调整，当前科学发展观与构建和谐社会，已经成为统领中国经济社会发展全局的国家发展战略，这说明中央政府的偏好正在从单纯地追求经济增长，向实现经济社会可持续发展转变。科学发展观可以被概括为“五项统筹”，统筹区域经济社会发展是其中的一项重要内容。中共十七届五中全会提出，贯彻落实区域发展总体战略和主体功能区战略，构建区域经济优势互补、主体功能定位清晰、国土空间高效利用、人与自然和谐相处的区域发展格局，逐步实现不同区域基本公共服务均等化。显而易见，在今后相当长的一个历史时期内，中国的各项经济社会体制改革都必须围绕区域经济社会的均衡性发展，作为政府手段的财政自然亦不例外。构建中国公共财政基本框架，已成为中国财政改革与发展的基本目标，对于完善社会主义市场经济体制至关重要。更为重要的是，中央政府在中共十六届五中全会正式提出了基本公共服务均等化的概念，基本含义主要指的是，政府应该使国民平等地享有水平大致相等的基本公共服务，尽可能地保障公民的基本生存权利和发展权利。基本公共服务均等化理念的提出，是有着深刻的时代背景的，其中最主要的就是平衡地区间基本公共服务的过大差距形成区域协调发展的巨大压力。由此可见，建立适合我国国情的基本公共服务体制，推进基本公共服务均等化，增强政府提供基本公共服务能力，促进地方政府间财政能力的均等化，已成为我国共建和谐社会的重大任务。

第四章

中国均等化转移支付制度变迁过程

第三章在考虑地方政府财政收入能力与公共物品支出需求在内的双重标准下，运用时间序列泰尔指数，来衡量转移支付制度实施前中国地方政府间公共财政能力差距状况，在此基础上进行动态化推导，得出严格的量化结论，分析影响财政能力均等化的影响因素，目的是对中国地方政府自有财政能力均等化水平现状形成初步认识，为以后研究提供基础性逻辑起点。从本章开始，转入对转移支付制度的变迁历程的研究。鉴于中国转移支付制度演变具有明显的“路径依赖”特征，制度变迁过程受特定历史背景影响，本章对新中国成立以来的转移支付制度历史变迁过程进行回顾，研究制度变迁对当前公共财政体制下均等化转移支付制度的影响，大致包括几个大的制度变迁历程：第一阶段：1977 年前“统收统支体制”的转移支付形式；第二阶段：1977—1993 年“财政包干体制”的转移支付形式；第三阶段：1994 年至今的“财政分权体制”转移支付制度。接下来，深入考察近年内中国地方政府财力规模和中央政府补助地方政府的整体情况，以及各项分解指标值的演变趋势，对中国地方政府财力规模及中央补助情况形成较为系统性的认识，最后考察中国主要转移支付项目的财力均等化效应的一般性分析。

第一节　中国转移支付制度历史变迁的探索历程

分析中国政府间均等化转移支付制度问题，应对转移支付制度发展脉络有一个清醒的把握。从严格意义上讲，中国的转移支付制度的确立以 1993 年《关于实行分税制财政管理体制的决定》的颁布为标志，但是纵观新中国成立以来财政体制变迁的历程，财政分权体制前中国也存在着多种形式的转移支付形式，只是尚未形成统一规范的制度安排。更为重要的是，中国转移支付制度演变具有明显的“路径依赖”特征，制度变迁受到特定历史背景影响。鉴于此，本书有必要对新中国成立以来的转移支付制度历史变迁进行回顾，以此研究这种制度变迁对当前公共财政体制下均等化转移支付制度的影响。自 1949 年新中国成立以来，转移支付制度经历了几个大的制度变迁历程：第一阶段，从新中国成立到 1976 年，这一阶段是建立起与计划经济时期财政体制相适应的转移支付形式；第二阶段，从 1977 年到 1993 年，这一阶段建立起与改革开放时期财政体制相适应的转移支付形式；第三阶段，从 1994 年至今，这一阶段建立起与财政分权时期财政体制相适应的转移支付制度。

一　1977 年前“统收统支体制”的转移支付形式

新中国的财政体制是在 1950 年确立的。在新中国成立初期，中央政府统一了财政经济管理体制，实行高度集中的统收统支制，根本初衷在于最大限度地集中社会资源，尽快摆脱短缺和贫困的经济状态，完成国民经济恢复的任务；转移支付安排方面，地方财政收入与支出基本上不发生联系，地方政府的一切财政支出全部依靠中央财政的拨付。1951 年，政务院颁发关于系统划分财政收支的决定，将高度集中的财政收支体制，改为在中央统一领导下的初步分级管理体制。此时，在转移支付安排方面，规定地方政府的财政收支状况每年由中央政府进行核定预算：如果地方政府的财政收入大于财政支出，则地方财政将财政收入大于财政支出部分上解中央政府，实行体制上解的财政资金运作模式；如果地方政府财政收支未能取得平衡，则由中央政府给予相应的财政拨款予以财政补助；如果地方政府的财政收入小于财政支出，则地方政府财政收支不足部分按照比例分成的模式进行抵补。从 1953 年起，我国的经济社会状况逐步好转，初步完成国民经济恢复的任务，转而步入第一个五年发展计划时期，同时开始社会主义改造阶段。此时，1951 年建立起来的财政体制已经不能满足新的经济形式要求。因此，财政体制上在 1953 年实施收入分类分成制办法，1957 年实施总额控制管理办法，主要政策目的在于加大地方政府财政收支的管理权限，逐步规范统一领导、分级管理的财政管理模式。在转移支付安排方面，除沿用原有规定的财政资金安排外，增加中央政府对地方政府自然灾害和防洪安排等专项拨款，实现真正意义上的专项资金使用。

1956 年，我国基本上完成了社会主义改造，经济结构和经济体制发生了本质上变化，由新中国成立初期的多种经济成分并存转变为基本单一的社会主义公有制经济。计划经济体制确立后，原有配合多种经济成分的财政体制，已经不适应基本上是单一公有制经济的情况。中央政府自 1958 年开始实施“以收定支，五年不变”的管理模式，主要内容是在中央统一领导下，扩大地方财政管理权限，适当增加地方机动财力，将地方财政收入分为地方固定收入、企业分成收入、调剂分成收入、中央拨款收入等类型。转移支付体制上规定，如果地方政府的固定财政收入不能满足本级财政支出需求，中央政府和地方政府分配部分企业分成收入，剩余部分确定比例上缴中央政府；如果地方政府仍旧不能满足本级财政支出需求，由中央政府划拨给地方政府一定比例调剂分成收入；如果地方政府仍旧不能满足本级财政支出需求，再由中央政府给予地方政府相应的拨款补助收入；此外，中央政府设置专案拨款特殊支出，特别是用于地方政府基本建设、大规模移民垦荒、重大灾害救济等特殊性支出需求。1958 年财政体制变革的方向具有正确的指导性意义，但是在当时“大跃进”的历史背景下，财政改革并未能够达到预期的国家宏观调控目的。鉴于此，从 1959 年起中央政府实施“总额分成、一年一变”财政体制，取消地方调剂收入、企业分成收入和固定收入等模式，实行总额收入分成的财政分配模式，试图通过这种制度变革，解决地方财政收入能力过度分散和经济能力失衡等问题，但是由于特定历史背景下的“左”倾思想泛滥，决策失误，未能产生预期的财政政策效果。此次财政模式改革在转移支付安排方面，直接取消了地方调剂收入、企业分成收入和固定收入等模式，实行总额收入分成的财政分配模式，财政收入与财政支出按财政计划包干，财政收入大于财政支出的地方政府，需要将多余部分按比例上缴中央政府；同时，中央取消了1958年所设置的专案拨款转移支付安排。

1958—1960年的“大跃进”运动忽视了社会主义经济发展的内在规律，在统筹经济社会发展的决策上存在方向性的偏差，再加上连续几年严重自然灾害，国民经济财政状况十分困难。为改变整个社会经济发展模式，中央政府从1961年开始提出“调整、巩固、充实、提高”的方针，在财政体制上实行了加强集中统一的措施，在经济工作中强调了统一领导、统一政策、统一计划、统一行动，继续对省（市、区）实行“收支下放、地区调剂、总额分成、一年一变”的办法。在转移支付安排方面：如果地方财政收入大于财政支出，则需要将财政收入大于财政支出的部分确定比例上缴中央政府，如果地方财政固定收入不能满足本级财政支出需求时，由中央政府给予地方政府相应的拨款补助；此外，重新恢复中央政府的专案拨款制度，特别是用于地方政府基本建设、大规模移民垦荒、重大灾害救济等特殊性支出需求。“十年动乱”期间，财政管理体制变动频繁，由1966年“文化大革命”开始阶段实施的“收支挂钩、总额分成”办法，到1968年中央财政实施的“收支两条线管理”模式，再到1971年中央财政实施的“财政收支大包干”模式，以及1973年中央财政实施的“固定比例留成”模式，和1976年中央财政实施的“收支挂钩，总额分成”模式，财政体制政策上变动较为频繁，中央财政与地方财政存在较大财政缺口，中央财政主要依靠地方财政上解，此阶段转移支付形式变动频繁，没有相应固定的模式。

1979年之前，中国转移支付资金安排的基本社会背景是，优先发展重工业战略及计划经济体制的逐步确立和发展，政府凭借政治权力对社会资源实施全面的掌控和管理。财政管理体制的设计，均受到特定历史时期政府政治权力安排制度约束，同时也制约于国家发展战略制度变迁，在调节中央与地方财政能力不均衡方面，集中体现在均等化转移支付安排方面。新中国成立初期，中央政府实施统收统支的财政管理体制，地方政府的一切财政支出都由中央政府拨付，这种自上而下的转移支付安排，改变长期以来地方政府财政能力上较大的差异，保证国民经济恢复时期地方财政资金周转的需要，有利于中央政府按照特定历史时期背景国家发展战略需要统筹财政资源配置。“十年动乱”时期，政治动乱遍及全国各地，经济发展受到严重影响，中央政府财政产生巨额赤字，此时主要靠地方财政收入上解，即通过自下而上的转移支付安排，解决中央政府的财政赤字问题。可以说，财政资金安排上存在双向的转移效应，一方面中央政府通过下拨方式向地方政府转移财政资金，另一方面地方政府通过收入上解的方式向中央政府转移财政资金；在中央与地方政府间形成独特的财政资金调节机制，初步确立计划经济背景下，转移支付资金安排“自上而下”与“自下而上”财政资金双轨并行运作模式，对今后转移支付制度财政资金的运作模式产生深远影响。

二　1977—1993 年“财政包干体制”的转移支付形式

中共十一届三中全会以后，随着改革开放政策的贯彻实施，我国经济形势和经济结构发生了重大的变化。高度集中的计划经济体制受到了很大的冲击，多种经济成分、多种经营方式的发展使以往适合于计划经济时期的财政管理体制，不能再满足多种经济成分并存的新形势发展，从体制变迁方面要求财政体制变革。这段时期内，中央政府在财政管理体制方面进行改革，如在 1977 年江苏省境内的“固定比例包干”试点，继而于 1978 年在全国十个省市试行“增收分成、收支挂钩”办法，以及 1979 年实行的“收支挂钩、超收分成”模式，这些改革为日后财政体制改革积累初步的经验。在转移支付安排方面，中央对地方的转移支付安排以总额收入分成为主，按照中央与地方确定的总额分成比例进行；同时，中央在财政转移支付中设置了专项的财政拨款，用于一些特大自然灾害而向地方政府进行的专项拨款补助。1979 年召开中共十一届三中全会，确立了中国社会未来发展的工作重点将转移到社会经济现代化建设方面，确立了“以经济建设为中心”的国家发展战略。为适应这种社会经济体制改革，中央政府在1980年实行“划分收支、分级包干”模式，明确划分中央政府和地方政府财政收入和财政支出的具体范围，地方政府财政收入和支出的包干基数以1979年预算执行数为基础。同时，对全国各地财政体制的运行不作统一的硬性规定，根据各地的实际情况有所不同：北京、天津、上海3个直辖市实行“总额分成，一年一定”财政体制；江苏省实行固定比例包干财政体制；广东省、福建省实行大包干财政体制；其余地区实行“划分收支、分级包干”财政体制。在转移支付安排方面：加大对民族自治地区的财政支持力度，对于8个民族地区和部分省，中央财政给予定额补助；地方上解比例、调剂收入分成比例和定额补助数核定后，原则上五年不变；此外，中央财政专门设立专项转移支付资金，逐渐关注调节地区之间的财政划分均衡问题。

在多种经济成分、多种经营方式并存的环境下，为适应国有企业的改革，需要对国有企业上缴国家的利税关系进行调整，于1984—1986年分两步全面推行“利改税”改革，开始在一些国营企业进行了上缴利润改为征税的工作试点，相应地也在财政管理体制方面有所改革：1985年中央政府开始实行“划分税种、核定收支、分级包干”财政管理模式，财政支出方面按中央、地方企业、事业的隶属关系划分，财政收入上按照利改税后设置的税收划分收入，即划分为中央固定收入、地方固定收入、中央和地方共享收入。在转移支付体制方面：凡地方固定财政收入小于地方财政支出的，从中央和地方共享收入确定分成比例，留给地方政府；凡地方固定财政收入大于地方财政支出的，定额上解中央政府；地方固定财政收入和中央与地方共享收入全部留给地方，还不足其财政支出的，由中央定额补助；此时，中央财政与地方财政存在较大的非均衡性，即中央政府财政能力过少，地方政府财政能力过大，地方政府的定额上解和比例上解成为中央财政收入的一个重要来源。1988年，中央对地方政府实行多种形式的“财政包干体制”改革，在北京、沈阳、江苏、辽宁、宁波、重庆、河北、哈尔滨、浙江和河南等地区采取“收入递增包干”的办法，在天津、山西和安徽等地区采取“实施总额分成”的办法，在大连、青岛和武汉等地区采取“总额分成加增长分成”的办法，在广东和湖南等地区采取“上解额递增包干”的办法，在上海、山东和黑龙江等地区采取“定额上解”的办法，在吉林、江西、陕西、甘肃、福建、内蒙古、广西、西藏、宁夏、新疆、贵州、云南、青海和海南等地区采取“定额补助”的办法。1992 年，中央政府进一步在重庆、沈阳、天津、浙江、大连、武汉、新疆、辽宁和青岛九个省市进行“分税包干”财政模式试点，转移支付主要采取收入分享和定额补助两种形式，中央政府的专项拨款在转移支付中所占比重有所提高，数量上呈逐年增加趋势。

应当指出的是，改革开放以来到 1993 年期间，我国的经济体制改革从行政性放权让利开始，逐步确立了市场经济的改革方向。在这个过程中，高度集中的计划经济体制的变革首先从行政性分权改革开始，行政性分权改革则主要体现在中央与地方财政关系方面。高度集中的计划经济模式的弊端在 20 世纪 70 年代逐渐暴露出来，1976 年“文化大革命”结束后，为了解决“十年动乱”期间生产、生活上的多年欠账，国家财政出现了多种增支减收因素，增加了财政平衡的压力。1979 年中央财政出现巨额赤字，对中央财政的压力尤其巨大，为调动地方政府增收节支的积极性和保证中央财政收入，中央政府于 1980 年开始实施“分灶吃饭”的财政体制改革，而 1988 年则进一步实施“财政包干制”改革。“财政包干”体制改革在当时对调动地方政府的积极性，促进经济增长起到了很大的作用，但同时也造成了严重的地区封锁和各自为政的“诸侯经济”问题，客观上形成地方政府间财政能力的非均衡格局。为减少经济体制改革的阻力，中央财政开始关注调节地区之间存在的财政能力不均衡问题，在转移支付安排方面，加大对民族自治地区的财政支持力度，对于 8 个民族地区和部分省，中央财政给予定额补助形式。值得一提的是，在转移支付财政资金安排方面，中央政府确定转移支付资金时初步表现出“基数法”的相关特征，具体表现为对地方上解比例、调剂收入分成比例和定额补助数核定后，较长时期内保持核定数不变。这种财政资金安排客观上“鼓励”了地方支出扩大、收入减少的动机，不利于地方财政实现收支平衡，也不利于地方经济的长远发展。

三　1994年至今“财政分权体制”的转移支付制度

1992年，中共十四大明确提出：以建立社会主义市场经济体制作为我国经济体制改革的目标，而当时的财政体制已经不能完全适应发展市场经济的要求。随着市场经济体制在资源优化配置过程中作用的不断扩大，长期实行的财政包干体制弊端日益明显，造成了国家财政能力过于分散的局面，地方性财政收入占全国财政收入的比重逐渐上升，弱化中央政府的宏观调控能力。鉴于此，国务院于1993年颁布《关于实行分税制财政管理体制的决定》（国发〔1993〕85号），借鉴国际上通行的分税制财政体制基础上，在中央与地方之间实行了分税制的财政体制取代了财政包干制度，相应建立了国家税务局和地方税务局两套税务机构，分别负责征收中央税和地方税。分税制财政体制改革的指导思想和基本原则，主要包括了以下4个方面：一是正确处理中央与地方的分配关系，促进国家财政收入合理增长，逐步提高中央财政收入占全国财政收入的比重，充分调动地方政府增收节支、发展经济的积极性，增强中央政府的宏观调控能力，适当增加中央政府财政能力；二是处理好地方政府间财政能力分配的问题，既要保持经济发达地区较快发展的势头，又要通过政府间的财政转移支付制度，扶持老工业基地改造和经济落后地区的发展，增强对地方政府财政支出的约束；三是坚持分级管理和统一政策相配合的原则，中央性税收、地方性税收及共享税的立法权全部集中于中央政府，保证中央政府政策的统一性和严肃性，同时实行分级征管的税收，地方性税收由地方政府税务机构负责征收，中央性税收和共享税由中央政府税务机构负责征收；四是坚持逐步推进与整体设计配合的原则，立足于我国国情，逐步完善，分步实施，明确目标，力求规范，抓住重点。根据上述指导思想和基本原则，财政体制改革按“一级政府、一级预算”要求，确定了五级预算体制，在此基础上划分了地方和中央政府的事权：地方政府主要承担本级财政机关运转所需财政支出，以及本级事业发展、区域经济所需要的财政支出；中央政府主要承担中央国家机关运转、外交和国家安全所需经费，协调地区发展、调整国民经济结构。依据地方和中央的事权，按税种划分为地方税、共享税和中央税，将中央政府实施宏观调控、维护国家权益所需的税种划分为中央税，将同地方经济发展相关的主要税种划分为中央与地方共享税，将适合地方征管的税种划分为地方税。在转移支付制度安排方面，中央对地方实施税收返还制度①。值得一提的是，为了保护各地的既得利益，1994 年的分税制财政体制改革，保留了原有财政包干体制下地方政府向中央政府的上解和中央政府对地方政府的补助，财政转移支付制度未能从根本上解决区域政府间财力非均衡性，保留原有财政体系下的分配格局。更为重要的是，税收返还和体制补助继续沿用的"基数法"，原有不合理的分配格局未能得以改善，形成一种"受益地区长期受益，吃亏地区长期吃亏"的财政运作模式。

1999 年，中央出台《过渡时期转移支付办法》（财预字〔2000〕10 号），建立规范化的转移支付制度。根据 1994 年分税制财政体制改革的要求，中央政府对地方实施了转移支付体制。鉴于中央财政可用于转移支付的财力有限，要调整各地既得利益也很困难，制约了转移支付制度的运行。同时，在转移支付制度的设计方面，面临着统计数据不完整、测算方法不完备等技术性问题。考虑到以上制约因素的影响，在中国建立十分规范的转移支付制度条件尚不成熟，目前暂实行过渡期财政转移支付办法。中央财政根据不同地方政府财政能力的差异，采用较为规范的方法，选择政策性和客观性因素，进行有限的转移支付，逐步向规范化的转移支付制度靠拢。过渡时期转移支付的基本原则，主要包括了以下 3 个方面：一是在不调整地方既得利益的前提下，中央政府转移支付资金逐渐倾向于调整地区之间的利益分配

---

① 中央对地方实施税收返还制度，返还额以 1993 年为基期年核定，按照 1993 年地方实际收入以及中央与地方收入划分情况，核定 1993 年中央从地方净上划的收入数额。1993 年中央净上划收入，全额返还地方，保证现有地方既得财力，以此作为以后中央对地方税收返还基础。1994 年以后，税收返还额在 1993 年基数上逐步递增，递增率按全国增值税和消费税的平均增长率的 1:0.3 系数确定，即上述两税全国平均每增长 1%，中央财政对地方的税收返还增长 0.3%。如果 1994 年以后中央净上划收入达不到 1993 年基数，则相应扣减税收返还数额。

格局。二是转移支付实施过程力求公平、公正，过渡期财政转移支付以各地标准财政收支差额作为计算转移支付的依据，支大于收的差额越大，补助越多，体现公平原则；此外，转移支付全部选用客观因素计算标准收支，各地采用统一公式，不受主观因素影响，体现公正原则。三是转移支付突出对落后地区与民族地区的政策扶持，重点帮助财政困难地区缓解财政运行中的突出矛盾，逐步实现各地基本公共服务能力的均等化；同时，对民族省（区）和非民族省（区）的民族自治州适度倾斜，以体现党和政府的民族政策。值得一提的是，过渡期财政转移支付额由客观因素转移支付额和政策因素，其中标准财政收入根据各税种的不同情况，分别采用“标准税基×标准税率”和“收入基数×（1+相关因素增长率)”等办法计算确定；标准财政支出主要按人员经费（不包括卫生和城建系统)、公用经费（不包括卫生和城建系统)、卫生事业费、城市维护建设费、社会保障费、抚恤和社会救济费、支援农业生产支出和农业综合开发支出分类，分别采用不同方法计算确定。显然，过渡时期转移支付办法在科学化、规范化程度方面较以往的财政体制补助有所改善。

进入21世纪以后，财政体制改革方向正逐步调整，构建中国公共财政基本框架已经成为统领中国财政体制发展全局的战略目标。1998年12月15日举行的全国财政工作会议，时任中共中央政治局常委、国务院副总理李岚清代表中共中央明确提出，要“积极创造条件，逐步建立公共财政基本框架”。从那时起，作为中国财政改革与发展目标的明确定位，公共财政建设正式进入了政府部门的工作议程。时隔5年之后，2003年10月，中共十六届三中全会召开并通过了《关于完善社会主义市场经济体制若干问题的决定》。在该决定中，根据公共财政体制框架已经初步建立的判断，提出了进一步健全和完善公共财政体制的战略目标。认识到完善的公共财政体制是完善的社会主义市场经济体制的一个重要组成部分，将完善公共财政体制放入完善社会主义市场经济体制的棋盘，从而在两者的密切联系中进一步谋划推进公共财政建设的方案，也就成了题中应有之义。2007年年末，召开的中共十七大，无论是对经济建设、政治建设问题的阐释，还是有关文化建设、社会建设图景的描绘，都融入了公共财政的理念，渗透着公共财政的精神，甚至直接使用了公共财政的字眼。特别是关于“围绕推进基本公共服务均等化和主体功能区建设，完善公共财政体系”的表述（胡锦涛，2007），在更广阔的范围内、更深入的层面上标志着，中国公共财政理论与实践又进入了一个新的阶段①。可见，构建中国公共财政基本框架已成为中国财政改革与发展的基本目标，对于完善社会主义市场经济体制至关重要。按照公共财政建设的要求，转移支付制度安排方面更加注重于均衡地区间财政能力差异过大的作用。

2002 年，中央政府出台《财政部关于 2002 年一般性转移支付办法》（财预〔2002〕616 号），取消过渡时期转移支付的概念，统一更改为“一般性转移支付”，而在此之前的一般性转移支付概念更改为“财力性转移支付”。从理论根源上讲，一般性转移支付的根本目标是扭转地区间财力差距扩大的趋势，逐步实现地方政府基本公共服务能力的均等化，推进全面建设小康社会目标的实现。但在现有客观条件约束下，将一般性转移支付的目标界定为缓解财政困难地区财政运行中的突出矛盾、保障机关事业单位职工工资发放和机构正常运转等最基本的需要，往往更为合理。在实际执行过程中，一般性转移支付所遵循的基本原则，主要包括了以下 3 个方面：一是资金分配考虑影响财政收支的客观因素，采用规范的公式化方式操作，力求公平、公正；二是中央财政逐年加大一般性转移支付资金规模，逐步实现转移支付目标，采取循序渐进的方式；三是适当照顾“老少边”地区，在增加中西部地区转移支付的同时，对革命老区、少数民族地区和边境地区给予照顾。值得一提的是，一般性转移支付额主要按照各地标准财政收入和标准财政支出差额以及转移支付系数计算确定，具体的公式可表示为：某地区一般性转移支付额 =（该地区标准财政支出 - 该地区标准财政收入）× 该地区转移支付系数。其中，各地区标准财政收入由地方本级标准财政收入、中央对该地区税收返还和财力转移

① 高培勇：《公共财政：概念界说与演变脉络》，《经济研究》2008 年第 12 期。

支付构成。地方本级标准财政收入主要根据各税种的税基和税率计算确定。中央对地方税收返还和财力转移支付（扣除各地区对中央的上解）按财政部核定数确定。

地区标准财政支出主要为该地区行政公检法标准支出等经常性支出项目之和，根据标准财政供养人数和全国统一支出水平等因素，按人员经费、公用经费和其他经常性支出项目分别计算确定。转移支付系数参照当年一般性转移支付总额、各地区标准支出大于标准收入的收支差总额以及各地区财政困难程度确定。对少数民族地区、革命老区、边境地区，适当提高转移支付系数。更为重要的是，中央规定省、市级政府要承担起分级管理的应尽职责，要通过优化财政支出结构，压缩本级支出和专项拨款等方式，积极筹措资金，增加一般性转移支付资金规模，加大对财政困难县、乡的支持力度，切实帮助解决县、乡财政困难。转移支付资金的分配要力求公平、公正，要通过公式化方式分配转移支付资金，尽量减少中间环节。转移支付的形式要力求简化，并相对稳定。对原体制补助、原体制上解等较为确定的转移支付要进行归并。省、市级财政要采取措施保证安排给县、乡的转移支付资金落到实处。各地要将本年度省对下的转移支付办法、转移支付资金的筹集和使用情况上报财政部。此外，国务院明确提出，要把中央政府因实施所得税改革而增加的收入全部用于一般性转移支付，同时表明要建立一般性转移支付资金稳定增长的机制。

最近几年内，为适应21世纪的社会经济环境，中央政府增加了调整工资转移支付、民族地区转移支付、农村税费改革转移支付、资源枯竭城市财力性转移支付、工商部门停征“两费”（个体工商管理费和集贸市场管理费）转移支付，统称为中央财政对地方财政的财力性转移支付。

（一）调整工资转移支付

为配合实施积极财政政策，缓解国内需求不足，国务院从1999年7月1日起，中央财政增加了机关事业单位在职职工工资和离退休人员离退休费，此后又多次调整了机关事业单位职工工资和离退休人员离退休费。中央规定：对于沿海经济发达地区，如广东、浙江、上海、江苏等地，调整工资及离退休费增加的支出自行解决；对于财政困难的老工业基地和中西部地区，由中央按照客观、公平、合理原则，科学分类，区别对待；对民族地区给予照顾等原则，根据职工人数等客观因素和各地的财政困难程度，通过公式化的办法给予适当补助。值得一提的是，财政部要求各级财政部门确保中央下达的调整工资转移支付资金全部用于调资，不得挪作他用。同时，要积极调整财政支出结构，逐县（市）核定财力，加大对财政困难县的转移支付力度，确保有足够资金用于增资支出。2009 年中央财政下拨调整工资转移支付资金 2362. 66 亿元，比 2003 年增长 1. 65 倍，6 年平均增长 27. 5%。调整工资转移支付根据政策要求和地方的承受能力测算实施，促进了相关政策的平稳出台和社会安定。

（二）民族地区转移支付

从 2000 年起，根据《中华人民共和国民族区域自治法》，配合西部大开发的需要，进一步解决少数民族地区的特殊困难，中央财政在客观因素转移支付之外，增加了对民族省（区）和非民族省（区）的民族自治州的政策性转移支付，这种转移支付带有一定的优惠性和照顾性。专设民族地区转移支付项目，是推动民族地区经济社会全面发展的重大政策举措，具有深远的制度创设意义。从民族转移支付的对象看，包括 5 个民族自治区、3 个财政体制上享受民族地区待遇的省，以及这些地区以外的 8 个民族自治州，而其他非民族省区的自治县没有纳入该范围。2006 年这一政策又扩大到了全国所有的民族自治县。这一转移支付的资金起初为 10 亿元，后来主要与全国上划中央的增值税递增率和民族地区上划中央的增值税递增率相挂钩，已形成稳定的资金来源增长机制。2009 年，中央财政下拨民族地区转移支付资金 275. 88 亿元，比 2006 年增长 77. 2%，3 年平均增长 25. 7%；2010 年，中央财政预算就安排民族地区转移支付 330 亿元，比 2009 年增长 19. 6%。

（三）农村税费改革转移支付

为保证农村税费改革的顺利进行，中央财政统筹考虑各地区提高农业税率增收因素和取消乡镇统筹、降低农业特产税税率、取消屠宰税减收、调整村提留提取办法等因素，对地方净减收部分，通过转移支付给予适当补助。农村税费改革转移支付资金分配，按照基层必不可少的开支，和因政策调整造成的收入增减变化相抵后的净减收数额，并根据各地财政状况以及农村税费改革实施过程中，各地不可预见的减收增支等因素计算确定。2003 年，我国全面推开农村税费改革试点工作。中央财政对除北京、天津、上海、江苏、浙江、广东等经济较发达省（市）外的地区实施农村税费改革转移支付。2004 年，中央政府进一步加大了农村税费改革力度，取消了除烟叶外的农业特产税，逐步降低农业税税率，并明确提出五年内全面取消农业税。到 2005 年，又宣布取消牧业税，全国免征农业税的省（市、区）已有 28 个。2009 年，中央财政下拨的农村税费改革转移支付为 769.47 亿元，比 2003 年增长 1.52 倍，6 年平均增长 25.4%。

（四）资源枯竭城市财力性转移支付

国务院决定自 2007 年实施资源枯竭城市财力性转移支付体制，目的是加大对资源型城市尤其是资源枯竭城市可持续发展的支持力度。长期以来，资源型城市作为重要原材料和基础能源的供应地，对经济社会的发展起到重要的作用。值得一提的是，由于资源衰减和缺乏统筹规划等原因，这些城市发展过程中存在诸多社会经济问题，如失业和贫困人口较多、生态环境破坏严重、维护社会稳定压力较大、经济结构失衡等问题。为落实《国务院关于促进资源型城市可持续发展的若干意见》，中央财政将给予包括 2007 年确定的第一批 12 个资源枯竭城市，和 2009 年确定的第二批 32 个城市在内的 44 个城市，进行财力性转移支付资金支持。文件出台近四年来，相关政策得到了较好落实，其中中央财政对首批 12 个资源枯竭城市财力性转移支付于 2010 年到期。国务院根据国家发改委的评估结果，批准同意对处于不同发展阶段的城市给予分类支持，建立有进有出的支持机制。对于基本步入可持续发展轨道的盘锦市，不再给予中央财力性转移资金，支持其创建转型示范城市。对于历史遗留问题尚未根本解决、可持续发展能力较弱的伊春、辽源、阜新等 11 个城市，延长中央财力性转移支付年限至 2015 年。

（五）工商部门停征“两费”转移支付

个体工商户管理费和集贸市场管理费，收取依据分别是国务院1983年颁布的《城乡集市贸易管理办法》和1987年颁布的《城乡个体工商户管理暂行条例》，具体由工商管理部门负责征收，主要是建设集贸市场、工商行政管理部门经费开支等。1998年后，“两费”实行“收支两条线”管理。“两费”收入作为财政非税收入，全部纳入财政预算管理。为减轻个体户和小企业负担，财政部、国家发改委、国家工商总局联合发出通知称，经国务院批准，决定从2008年9月1日起，在全国统一停止征收个体工商户管理费和集贸市场管理费。为切实保障工商部门正常履行市场监管职能的经费，“两费”停征后所造成的财政减收，由各省、自治区、直辖市、计划单列市人民政府统筹解决；另外，中央财政将结合地方财力实际情况，通过工商部门停征“两费”转移支付制度对地方给予适当补助。

应该指出的是，我国长期执行的转移支付制度，还存在大量中央对地方的专项拨款。专项转移支付制度指的是，中央政府为宏观调控需要以及补偿地方政府代行中央政府职能而进行的拨款。地方政府在使用专项拨款时，必须按照中央政府要求执行，将转移补助用于特定的用途，如提供特定的服务性公共物品，即不包含在地方财政体制规定的正常支出范围，根据特定的用途及地方特殊情况，由上级拨付给下级的专项资金。目前，专项补助制度基本按照固定拨款形式，在预算编制时列为上级预算支出的内容，执行中划给下级政府部门按规定用途使用，项目越来越多，数额只增不减。按照财政部颁发的《中央对地方税收返还和转移支付预算表》，专项转移支付不仅包括了文化教育、医疗卫生、环境保护、社会保障、交通运输、住房保障支出等基本公共服务项目补助，也包括了资源勘探电力信息等事务、商业服务业等事务、金融监管等事务支出、国土气象等事务、粮油物资储备管理事务等特殊项目的专项补助。2009年中央下拨的专项转移支付为12359.14亿元，2010年中央财政预算就安排专项转移支付为13310.91亿元，比2009年增长7.7%。

1994年的分税制财政体制是中国市场经济体制发展完善，市场化改革逐渐取代行政性分权改革的背景下进行的重大税制调整。此次的财政体制改革初步建立了符合中国经济发展的转移支付制度安排，初步形成地方财政收入稳定增长机制，规范了中央与地方经济收入的来源和征管，确立以分税制为核心的中央与地方利益关系，取代上下级政府间财政包干式或讨价还价的传统体制，根本目的在于确立以分税制为核心的中央与地方利益关系。但是，为了保持现有地方既得利益格局，逐步达到财政体制改革目标，在转移支付制度安排方面中央对地方实施税收返还制度①。在这种制度设计背景下，中央对地方的税收返还是按来源地规则设计的，各地方政府获得的税收返还数额只是取决于向中央政府“贡献”多少税收，不取决于各辖区的人口、人均收入、地理特征以及其他影响财政能力（标准收入）和支出需求（标准支出）的因素。收入来源地规则意味着地方掌握的资源越多，经济发展程度越高，地方居民越富有，获得的转移就越多，导致地方本级财政收入的非均衡性局面②。进入 21 世纪以后，构建中国公共财政基本框架已经成为统领中国财政体制发展全局的战略目标。根据公共财政体制框架已经初步建立的判断，提出了进一步健全和完善公共财政体制的战略目标，认识到完善的公共财政体制是完善的社会主义市场经济体制的一个重要组成部分，将完善公共财政体制放入完善社会主义市场经济体制的棋盘，从而在两者的密切联系中进一步谋划推进公共财政建设的方案。当前，构建中国公共财政基本框架已成为中国财政改革与发展的基本目标，对于完善社会主义市场经济体制至关重要。按照公共财政建设的要求，转移支付制度安排方面更加注重于均衡地区间财政能力差异过大的作用，中央政府可以利用其手中掌握

---

①　中央对地方实施税收返还制度，规定税收返还额以 1993 年为基期年核定，按照 1993 年地方实际收入以及中央与地方收入划分情况，核定 1993 年中央从地方净上划的收入数额，以此作为以后中央对地方税收返还基础。1994 年以后，税收返还额在 1993 年基数上逐步递增，递增率按全国增值税和消费税的平均增长率的 1∶0.3 系数确定，即上述两税全国平均每增长 1%，中央财政对地方的税收返还增长 0.3%。如果 1994 年以后中央净上划收入达不到 1993 年基数，则相应扣减税收返还数额。

②　理查德 · M. 伯德等：《财政分权：从命令经济到市场经济》，中央编译出版社 2001 年版。

的充足财力，通过转移支付制度设计合理的财政激励约束机制，促使地方政府财政能力均等化的实现。事实上，由于中央政府能够观测到约束合同执行的结果，如果地方政府能够贯彻中央政府的均等化战略，那么地方政府就会从中央政府那里得到可观的转移支付资金；相反，地方政府就不能从中央政府那里获得更多的财政支持。另外，各地方政府之间的财政能力虽然存在巨大差异，但无论是经济发达地区还是落后地区，它们自身的财政经济能力都得到了巨大的发展，有利于逐步实现中央政府提出的基本公共服务均等化①目标，进一步提高城乡区域之间政府基本公共服务的均等程度。但不可否认的是，在多级财政体制下，各区域经济发展的不平衡、城乡之间财政能力的经济社会发展现状，成为实现政府间财政能力均等化的障碍。这样的国情决定了在相当长的一段时间内，中国政府所追求的财政均等只能是低水平的，而公共服务的覆盖范围也相应是狭窄的。因此，在当前时代背景下必须规范和完善转移支付制度，在中央和地方政府间形成合理科学的财政激励机制，彻底改变中国长期以来存在的区域之间地方政府财政能力的严重失衡问题。

第二节　中国均等化转移支付制度的特征分析

一　中国均等化转移支付制度现状分析

表4－1考察了1995—2011年中国地方政府财力规模及中央均等化转移支付制度②的整体情况。首先，观察中央政府对地方政府的补助水平的整体演变趋势，大致可划分为2个阶段：第一阶段为1995

① 2005年10月11日中共十六届五中全会通过的《中共中央关于制定国民经济和社会发展第十一个五年规划的建议》首次提出了基本公共服务均等化的概念；此后，2006年10月11日中共十六届六中全会通过的《中共中央关于构建社会主义和谐社会若干重大问题的决定》，2007年10月15日胡锦涛的中共十七大报告，2010年3月5日温家宝在十一届全国人民代表大会第三次会议上的政府工作报告，以及2010年10月18日中共十七届五中全会的会议公报，均指出实现基本公共服务均等化的途径在于完善公共财政制度。可见，基本公共服务均等化已成为我国当前经济社会发展的热点问题（安体富、任强，2008）。

② 财政转移支付制度是指财政资金在各级政府之间的转移支付资金。

表 4－1 **1995—2011 年地方政府财力规模及中央补助情况** 单位：亿元

指标 年份	地方财力规模	中央对地方财政转移支付支出		中国均等化转移支付占财政转移支付支出比重			
		指标值	占比（%）	一般性转移支付	占比（%）	专项转移支付	占比（%）
1995	4383.2	2532.9	57.8	290.9	11.5	374.7	14.8
1996	5233.6	2672.3	51.1	234.9	8.8	488.8	18.3
1997	5840.8	2800.9	48.0	273.4	9.8	515.9	18.4
1998	6707.8	3285.3	49.0	313.1	9.5	889.5	27.1
1999	7520.6	3992.3	53.1	511.4	12.8	1360.3	34.1
2000	8621.9	4747.6	55.1	893.4	18.8	1647.7	34.7
2001	10850.2	6117.2	56.4	1604.8	26.2	2203.5	36.0
2002	12731.3	7352.7	57.8	1944.1	26.4	2401.8	32.7
2003	14775.7	8058.2	54.5	2241.2	27.8	2391.7	29.7
2004	17896.5	10222.4	57.1	2933.7	28.7	3237.7	31.7

续表

指标 / 年份	地方财力规模	中央对地方财政转移支付支出		中国均等化转移支付占财政转移支付支出比重			
		指标值	占比（%）	一般性转移支付	占比（%）	专项转移支付	占比（%）
2005	21466.5	11120.1	51.8	3715.8	33.4	3647.0	32.8
2006	26282.9	13589.4	51.7	5024.9	37.0	4634.3	34.1
2007	33616.2	17325.1	51.5	7017.2	40.5	6186.9	35.7
2008	40296.9	22170.5	55.0	8491.0	38.3	9397.3	42.4
2009	—	29496.9	—	11319.9	39.6	12295.7	39.5
2010	—	32349.6	—	14624.8	45.2	12724.5	39.3
2011	—	37310.0	—	17336.8	46.5	14905.2	39.9

注：1. 表中数据是根据《地方财政研究》与《中央对地方税收返还和转移支付预算表》提供数据整理所得；

2. 2011 年数据为《2011 年中央对地方税收返还和转移支付预算表》中财政预算数；

3. 表中“—”表示数据缺失。

年到2001年，特点是中央对地方政府的补助平稳增加，2001年中央政府对地方政府的补助水平为10850.2亿元，比1995年增长2.42倍，年均增长率达到34.5%；第二阶段为2002年到2011年，特点是中央对地方政府的补助快速上升，增长速度明显超过先前水平，在较短时间内迅速跃升到一个新的平台，2010年中央政府对地方政府的补助水平为32349.6亿元，比2002年增长4.4倍，年均增长率达到48.89%。很显然，2002年是一个历史分界线，在此之前中央对地方的补助水平平稳上升，而在此之后则呈现出快速上涨趋势，充分反映了2002年在中央政府确立构建公共财政体制基本框架，作为中国财政体制改革的方向，中央政府对地方政府的补助力度明显增加的趋势。其次，我们观察中央对地方补助占地方政府财力规模的比重，结果发现其演变趋势大致可划分为3个阶段：1995—1997年为第一阶段，特点是中央对地方补助占地方政府财力规模的比重小幅下降，由初始阶段的57.8%水平，逐渐下降到1997年的48.0%水平；1998—2004年为第二阶段，特点是中央对地方补助占地方政府财力规模的比重呈现稳步上涨趋势，由1998年的49.0%水平，逐渐上升到2004年的57.1%水平，重新恢复到高于50%水平；2005—2008年为第三阶段，特点是中央对地方补助占地方政府财力规模的比重出现小幅下降后，逐渐出现上涨趋势，2005—2007年期间基本围绕51.6%的水平上下波动，然后在2008年重新恢复到55.0%的水平。可以说，中央对地方补助占地方政府财力规模的比重，虽然在不同阶段呈现出不尽相同的变化规律，但是从整体演变趋势上考虑，基本围绕50%—60%的区间内变化，仅仅在1997年、1998年出现过低于50%的水平。再次，观察中央政府对地方政府均等化转移支付分解指标的演变趋势，主要包括一般性转移支付和专项转移支付分解指标的演变趋势。一方面，一般性转移支付指标占整体转移支付大致上呈现出阶段性的上涨趋势，其演变趋势可划分为5个阶段：第一阶段为1995年到1998年，特点是一般性转移支付在整体转移支付所占比重呈现波段性调整，基本围绕8.8%至11.5%的区间上下波动；第二阶段为1999年到2001年，特点是一般性转移支付所占比重快速上升并大幅超过先前水平，在较短时间内迅速跃升到一个新高点，由初始阶段的12.8%水平上升到26.2%水平；第三阶段为2002年到2004年，特点是一般性转移支付所占比重基本围绕在26.4%到28.7%范围内小幅振荡；第四阶段为2005年到2007年，特点是一般性转移支付所占比重迅速上升，由2005年的33.4%水平上升至2007年的40.5%水平；第五阶段为2008年到2011年，特点是一般性转移支付所占比重基本围绕在38.3%至46.5%高位水平小幅波动。另一方面，专项转移支付指标占整体转移支付的演变趋势，基本上其演变趋势可分为3个阶段：1995—2000年为第一阶段，特点是专项转移支付所占比重经过小幅调整后，呈现出快速增长的趋势，由初始阶段的14.8%上升至34.7%；2001—2003年为第二阶段，特点是专项转移支付所占比重出现小幅下降调整，由2001年的36.0%水平下降到2003年的29.7%水平；2004—2010年为第三阶段，特点是专项转移支付所占比重重新出现快速攀升趋势，由2004年的31.7%水平上升至2011年的39.9%水平。中央对地方的税收返还在转移支付具体明细如表4－2所示。

二　中国主要转移支付项目财力均等化效应的一般性分析

财政转移支付是指财政资金在各级政府之间的无偿转移，是在政府间既定的支出责任和收入划分的框架下，为实现基本公共服务均等化的特定政策目标而采取的一种财政再分配制度。政府间财政转移支付一般分为无条件转移支付和有条件转移支付两大类。无条件转移支付也称一般性转移支付制度，或称财力转移支付制度，其目的是实现基本公共服务均等化，不规定转移资金的具体用途，侧重于均衡地方政府财政能力差异方面；有条件转移支付也称专项转移支付，其目的是更有效地实施上级政府的政策目标，一般都规定获得资金的前提条件和使用方向，服务于中央政府的宏观政策，用于特定项目公共服务项目的需要。

国务院总理温家宝在第十一届全国人民代表大会第四次会议上的

表 4－2　　2014 年中央对地方税收返还和转移支付预算表　　单位：亿元,%

项目	2013 年		2014 年		预算数较上年执行数增长比例（%）
	执行数（亿元）	占比（%）	预算数（亿元）	占比（%）	
一、中央对地方转移支付	42980.74	89.47	46787.09	90.19	8.9
（一）一般性转移支付	24533.80	51.07	27217.87	52.47	10.9
均衡性转移支付	9812.01	20.43	10807.81	20.83	10.1
其中：重点生态功能区转移支付	423.00	0.88	480.00	0.93	13.5
产粮大县奖励资金	318.01	0.66	349.81	0.67	10
县级基本财力保障机制奖补资金	1525.00	3.17	1678.00	3.23	10
革命老区、民族和边境地区转移支付	621.80	1.29	695.22	1.34	11.8
资源枯竭城市转移支付	168.00	0.35	178.00	0.34	6
成品油税费改革转移支付	690.00	1.44	740.00	1.43	7.2
固定数额补助	4097.25	8.53	4083.24	7.87	-0.3
体制结算补助	964.78	2.01	1449.58	2.79	50.2
基层公检法司转移支付	418.59	0.87	431.30	0.83	3
义务教育等转移支付	1564.88	3.26	1718.70	3.31	9.8
基本养老金和低保等转移支付	4288.38	8.93	4856.90	9.36	13.3
城乡居民医疗保险等转移支付	1643.76	3.42	1933.92	3.73	17.7

续表

项　目	2013 年		2014 年		预算数较上年执行数增长比例（%）
	执行数（亿元）	占比（%）	预算数（亿元）	占比（%）	
农村综合改革转移支付	264.35	0.55	323.20	0.62	22.3
（二）专项转移支付	18446.94	38.40	19569.22	37.72	6.1
1. 一般公共服务支出	219.62	0.46	241.75	0.47	10.1
其中：国家重点档案抢救和保护经费	0.89	0.00	0.89	0.00	0
工商行政管理专项补助经费	3.00	0.01	2.30	0.00	-23.3
补助地方税务部门专项经费	1.38	0.00	1.38	0.00	0
补助地方审计部门专项经费	6.49	0.01	5.03	0.01	-22.5
质量技术监督专项补助经费	6.39	0.01	1.70	0.00	-73.4
基建支出	84.61	0.18	108.37	0.21	28.1
2. 国防支出	24.60	0.05	27.81	0.05	13
3. 公共安全支出	217.61	0.45	230.20	0.44	5.8
其中：监狱和强制隔离戒毒补助资金	38.42	0.08	38.59	0.07	0.4
政法机关人才培养体制改革试点经费	2.11	0.00	2.50	0.00	18.5
补助贫困地区法律援助办案经费	2.99	0.01	2.99	0.01	0
基建支出	161.89	0.34	173.92	0.34	7.4

续表

项　目	2013 年		2014 年		预算数较上年执行数增长比例（%）
	执行数（亿元）	占比（%）	预算数（亿元）	占比（%）	
4. 教育支出	1107.52	2.31	1219.85	2.35	10.1
其中：支持学前教育发展资金	149.50	0.31	149.00	0.29	-0.3
改善普通高中学校办学条件补助资金	19.75	0.04	39.70	0.08	101
农村义务教育阶段学生营养改善资金	170.00	0.35	169.78	0.33	-0.1
农村义务教育薄弱学校改造补助资金	206.10	0.43	308.60	0.59	49.7
教育费附加	4.90	0.01	5.00	0.01	2
现代职业教育质量提升计划专项资金	104.17	0.22	113.99	0.22	9.4
特殊教育补助经费	0.55	0.00	4.10	0.01	645.5
农村义务教育阶段教师特设岗位计划工资性补助资金	44.32	0.09	44.42	0.09	0.2
中小学及幼儿园教师国家级培训计划资金	15.00	0.03	19.85	0.04	32.3
支持地方高校发展资金	98.75	0.21	115.00	0.22	16.5
基建支出	224.38	0.47	230.66	0.44	2.8
5. 科学技术支出	91.47	0.19	93.49	0.18	2.2
其中：现代农业产业技术体系建设专项资金	9.35	0.02	9.35	0.02	0
产业技术研究经费	31.49	0.07	32.45	0.06	3

续表

项　目	2013年		2014年		预算数较上年执行数增长比例（%）
	执行数（亿元）	占比（%）	预算数（亿元）	占比（%）	
基层科普行动计划专项资金	3.98	0.01	3.98	0.01	0
中央财政引导地方科技发展资金	4.95	0.01	4.20	0.01	-15.2
科技富民强县行动计划资金	4.70	0.01	4.70	0.01	0
基建支出	9.67	0.02	38.81	0.07	301.3
6. 文化体育与传媒支出	264.93	0.55	284.61	0.55	7.4
其中：公共数字文化建设资金	5.54	0.01	5.54	0.01	0
补助地方广播电视发展专项资金	32.01	0.07	40.63	0.08	26.9
国家文物保护专项资金	67.72	0.14	75.00	0.14	10.8
农村文化建设资金	40.29	0.08	44.83	0.09	11.3
中央补助地方文化体育与传媒事业专项资金	25.90	0.05	25.90	0.05	0
非物质文化遗产保护专项资金	6.62	0.01	6.63	0.01	0.2
文化产业发展专项资金	31.20	0.06	28.00	0.05	-10.3
四川芦山地震灾后恢复重建资金	-	-	0.52	0.00	-
基建支出	40.65	0.08	47.28	0.09	16.3
7. 社会保障和就业支出	1584.55	3.30	1581.13	3.05	-0.2

续表

项　目	2013 年		2014 年		预算数较上年执行数增长比例（%）
	执行数（亿元）	占比（%）	预算数（亿元）	占比（%）	
其中：残疾人事业发展补助资金	13.76	0.03	13.42	0.03	-2.5
厂办大集体改革补助资金	-	-	110.00	0.21	-
特大自然灾害救济费	101.72	0.21	130.00	0.25	27.8
孤儿基本生活保障补助	22.62	0.05	22.97	0.04	1.5
企业关闭破产补助	38.76	0.08	10.00	0.02	-74.2
就业困难群体小额担保贷款财政贴息	95.41	0.20	80.00	0.15	-16.2
退役安置补助经费	258.98	0.54	309.65	0.60	19.6
优抚事业单位补助经费	31.53	0.07	31.25	0.06	-0.9
流浪乞讨人员救助资金	19.98	0.04	19.99	0.04	0.1
就业补助资金	410.11	0.85	432.36	0.83	5.4
优抚对象补助经费	302.93	0.63	356.90	0.69	17.8
四川芦山地震灾后恢复重建资金	2.88	0.01	0.43	0.00	-85.1
基建支出	56.29	0.12	64.16	0.12	14
8. 医疗卫生与计划生育支出	916.58	1.91	963.39	1.86	5.1
其中：公共卫生服务补助资金	408.47	0.85	463.29	0.89	13.4
计划生育转移支付资金	59.05	0.12	70.60	0.14	19.6

续表

项　　目	2013 年		2014 年		预算数较上年执行数增长比例（%）
	执行数（亿元）	占比（%）	预算数（亿元）	占比（%）	
优抚对象医疗保障经费	23.72	0.05	23.72	0.05	0
基本药物制度补助资金	90.96	0.19	91.15	0.18	0.2
临床重点专科建设补助资金	15.00	0.03	8.35	0.02	-44.3
公立医院综合改革等补助资金	59.47	0.12	60.77	0.12	2.2
四川芦山地震灾后恢复重建资金	-	-	2.25	0.00	-
基建支出	226.43	0.47	243.26	0.47	7.4
9. 节能环保支出	1731.32	3.60	1818.42	3.51	5
其中：江河湖泊治理与保护专项资金	66.00	0.14	70.00	0.13	6.1
节能专项资金	433.03	0.90	383.10	0.74	-11.5
天然林保护工程补助经费	126.54	0.26	150.04	0.29	18.6
排污费支出	11.14	0.02	19.80	0.04	77.7
三峡库区移民专项资金	0.51	0.00	0.55	0.00	7.8
可再生能源发展专项资金	133.71	0.28	172.46	0.33	29
城镇污水处理设施配套管网专项资金	106.00	0.22	106.00	0.20	0
退耕还林工程财政专项资金	264.11	0.55	296.27	0.57	12.2
循环经济发展补助资金	25.94	0.05	26.00	0.05	0.2

续表

项　目	2013 年		2014 年		预算数较上年执行数增长比例（%）
	执行数（亿元）	占比（%）	预算数（亿元）	占比（%）	
农村环境保护资金	59.84	0.12	59.84	0.12	0
重金属污染防治	37.00	0.08	37.00	0.07	0
大气污染防治资金	50.00	0.10	100.00	0.19	100
生物多样性保护专项资金	2.00	0.00	2.00	0.00	0
基建支出	412.50	0.86	395.36	0.76	-4.2
10．城乡社区支出	108.73	0.23	116.56	0.22	7.2
其中：基建支出	108.43	0.23	116.56	0.22	7.5
11．农林水支出	5182.18	10.79	5670.80	10.93	9.4
其中：现代农业生产发展资金	120.10	0.25	130.10	0.25	8.3
县域金融机构涉农贷款增量奖励	21.15	0.04	36.25	0.07	71.4
农业综合开发补助资金	312.60	0.65	341.00	0.66	9.1
财政专项扶贫资金	379.48	0.79	426.55	0.82	12.4
林业保护补助资金	261.77	0.54	302.23	0.58	15.5
江河湖库水系综合整治资金	323.91	0.67	322.85	0.62	-0.3
农资综合补贴资金	1077.15	2.24	1077.15	2.08	0
农机具购置补贴	208.60	0.43	228.65	0.44	9.6

续表

项　目	2013 年		2014 年		预算数较上年执行数增长比例（%）
	执行数（亿元）	占比（%）	预算数（亿元）	占比（%）	
农作物良种补贴	208.63	0.43	216.81	0.42	3.9
畜牧发展扶持资金	34.51	0.07	39.86	0.08	15.5
农村金融机构定向费用补贴	41.05	0.09	43.85	0.08	6.8
农业资源及生态保护补助资金	160.77	0.33	181.63	0.35	13
全国山洪灾害防治经费	43.00	0.09	40.14	0.08	-6.7
大中型水库移民后期扶持资金	39.00	0.08	34.00	0.07	-12.8
特大防汛抗旱补助费	46.08	0.10	34.00	0.07	-26.2
农民培训补助经费	11.62	0.02	11.62	0.02	0
农民专业合作组织发展资金	18.50	0.04	20.00	0.04	8.1
小型农田水利设施建设和水土保持补助资金	190.08	0.40	228.08	0.44	20
农业生产救灾资金	41.34	0.09	35.00	0.07	-15.3
动物防疫等补助经费	50.34	0.10	50.65	0.10	0.6
农林业科技成果转化与技术推广经费	109.90	0.23	126.27	0.24	14.9
中央分成水资源费补助地方经费	6.13	0.01	6.70	0.01	9.3
农林业保险保费补贴	94.63	0.20	137.01	0.26	44.8
甘肃岷县漳县地震灾后恢复重建资金	25.00	0.05	10.00	0.02	-60

续表

项目	2013 年		2014 年		预算数较上年执行数增长比例（%）
	执行数（亿元）	占比（%）	预算数（亿元）	占比（%）	
四川芦山地震灾后恢复重建资金	30.68	0.06	41.80	0.08	36.2
基建支出	1003.83	2.09	1163.22	2.24	15.9
12. 交通运输支出	3410.94	7.10	3715.51	7.16	8.9
其中：车辆购置税收入补助地方	2378.26	4.95	2634.53	5.08	10.8
界河维护经费	0.80	0.00	1.00	0.00	25
老旧运输船舶和单壳油轮报废更新补助专项资金	-	-	11.00	0.02	-
内河船型标准化补贴	8.50	0.02	6.50	0.01	-23.5
取消政府还贷二级公路收费补助支出	300.00	0.62	300.00	0.58	0
基建支出	69.78	0.15	96.48	0.19	38.3
13. 资源勘探信息等支出	447.62	0.93	292.60	0.56	-34.6
其中：中西部等地区国家级经济技术开发区、边境合作区贴息	15.00	0.03	15.00	0.03	0
国家物联网发展及稀土产业补助等资金	8.13	0.02	8.50	0.02	4.6
战略新兴产业发展资金	59.73	0.12	80.00	0.15	33.9
工业转型升级资金	8.00	0.02	10.00	0.02	25
中小企业发展专项资金	107.25	0.22	100.51	0.19	-6.3
基建支出	229.63	0.48	78.59	0.15	-65.8

续表

项　　目	2013 年		2014 年		预算数较上年执行数增长比例（%）
	执行数（亿元）	占比（%）	预算数（亿元）	占比（%）	
14. 商业服务业等支出	428.12	0.89	341.46	0.66	-20.2
其中：服务业发展资金	123.76	0.26	124.89	0.24	0.9
民族贸易和民族特需商品生产企业贷款贴息	34.76	0.07	33.91	0.07	-2.4
民贸网点建设和民族特需商品定点生产企业技改专项资金	1.10	0.00	1.10	0.00	0
生猪调出大县奖励资金	35.00	0.07	35.00	0.07	0
基建支出	44.10	0.09	33.75	0.07	-23.5
15. 金融支出	0.62	0.00	-	-	-
16. 地震灾后恢复重建支出	9.35	0.02	-	-	-
17. 国土海洋气象等支出	223.60	0.47	186.79	0.36	-16.5
其中：人工影响天气补助资金	1.99	0.00	1.99	0.00	0
海岛保护资金	2.00	0.00	2.00	0.00	0
矿补费和探矿权采矿权使用费支出	134.51	0.28	105.00	0.20	-21.9
特大型地质灾害防治经费	40.00	0.08	50.00	0.10	25
海域使用金支出	24.00	0.05	27.80	0.05	15.8
基建支出	2.07	0.00	-	-	-
18. 住房保障支出	1916.21	3.99	2149.84	4.14	12.2

续表

项　目	2013 年		2014 年		预算数较上年执行数增长比例（%）
	执行数（亿元）	占比（%）	预算数（亿元）	占比（%）	
其中：中央补助城镇保障性安居工程专项资金	1012. 77	2. 11	1158. 00	2. 23	14. 3
农村危房改造补助资金	182. 65	0. 38	187. 75	0. 36	2. 8
基建支出	686. 54	1. 43	804. 09	1. 55	17. 1
19. 粮油物资储备支出	361. 23	0. 75	414. 92	0. 80	14. 9
其中：重要物资储备贴息资金	8. 17	0. 02	11. 81	0. 02	44. 6
“粮安工程”危仓老库维修专项资金	15. 00	0. 03	15. 00	0. 03	0
粮食风险基金	320. 33	0. 67	320. 33	0. 62	0
粮油市场调控专项资金	-	-	27. 00	0. 05	-
基建支出	16. 84	0. 04	40. 78	0. 08	142. 2
20. 其他支出	200. 14	0. 42	220. 09	0. 42	10
其中：团中央青少年活动经费	0. 30	0. 00	0. 30	0. 00	0
统借统还外国政府贷款和国际金融组织贷款项目	-	-	18. 58	0. 04	-
甘肃岷县漳县地震灾后恢复重建资金	-	-	20. 00	0. 04	-
四川芦山地震灾后恢复重建资金	159. 83	0. 33	40. 50	0. 08	-74. 7
基建支出	31. 82	0. 07	140. 71	0. 27	342. 2

续表

项　　目	2013 年		2014 年		预算数较上年执行数增长比例（%）
	执行数（亿元）	占比（%）	预算数（亿元）	占比（%）	
二、中央对地方税收返还	5056.90	10.53	5086.91	9.81	0.6
增值税和消费税返还	3949.00	8.22	4040.00	7.79	2.3
所得税基数返还	910.19	1.89	910.19	1.75	0
成品油税费改革税收返还	1531.10	3.19	1531.10	2.95	0
地方上解	-1333.39	-2.78	-1394.38	-2.69	4.6
中央对地方税收返还和转移支付	48037.64	100.00	51874.00	100.00	8

注：数据来源于中华人民共和国财政部预算司；表中“-”表示数据缺失。

《政府工作报告》中提出："财政转移支付制度逐步完善，县级基本财力保障机制初步建立……健全财力与事权相匹配的财税体制，清理和归并专项转移支付项目，增加一般性转移支付，健全县级基本财力保障机制。"按照现有财政体制的要求，转移支付制度应更加注重于均衡地区间财政能力差异问题上，中央政府可以通过转移支付制度设计合理的财政激励约束机制，促使地方政府财政能力均等化格局的实现。那么，目前中国均等化转移支付制度各项指标的财力均等化效应如何？接下来，本书将分析中国主要转移支付项目的财力均等化效应。

（一）一般性转移支付的财力均等化效应

一般性转移支付（原财力性转移支付）是指为弥补财力薄弱地方政府财力缺口，均衡地方性财政能力差异，实现地方政府间公共服务能力均等，由中央政府安排给地方政府的补助性财政支出体制安排。一般性转移支付由接受拨款的地方政府自主使用，亦称为无条件转移支付体制安排。现有的一般性转移支付制度体制由原财力性转移支付制度演变而来①，主要补助项目包括均衡性转移支付、民族地区转移支付、县乡基本财力保障机制奖补资金、调整工资转移支付、农村税费改革转移支付、资源枯竭城市财力性转移支付、定额补助（原体制补助）、企事业单位划转补助、结算财力补助、工商部门停征两费转移支付、村级公益事业"一事一议"奖励资金、一般公共服务转移支付、公共安全转移支付、教育转移支付、社会保障和就业转移支付、医疗卫生转移支付 16 个项目。

1. 均衡性转移支付的财力均等化效应

从转移支付的运作机制上考虑，真正具有均等化意义的转移支付制度，仅限于均衡性转移支付项目②。作为政府间财政关系的重要组成部分，均衡性转移支付基本思路在于，上级政府根据依法核定的下级政府标准财政需要额与财政支出额的差量，以及各地区间在人口、

① 根据财政部颁布的《2009 年中央对地方税收返还和转移支付预算表》规定，从 2009 年起，将原财力性转移支付更名为一般性转移支付。

② 根据财政部颁布的《2009 年中央对地方税收返还和转移支付预算表》规定，从 2009 年起，将原一般性转移支付更名为均衡性转移支付。

资源、贫富等方面存在的差别因素，以各地标准财政收支的差额作为分配依据，对财力薄弱地区实施均衡性，目的是实现地方政府公共服务均等化，缩小地方政府间财政能力差异。值得注意的是，现行均衡性转移支付制度占全部转移支付的比重较小，近年来均低于14%水平（2009年占比为13.25%，2010年也仅为13.19%），均衡地方财政能力差异的作用相对较弱，未能在整体均等化的转移支付制度安排中起主导作用。

2. 民族地区转移支付的财力均等化效应

国务院决定自2000年开始实施民族地区转移支付，目的在于支持民族地区发展，实现西部大开发的发展战略。民族地区转移支付主要来源于以下两部分：第一，2000年中央政府专项增加对民族地区专项转移支付10亿元，2000年以后每年按照中央分享的增值税收入逐年递增；第二，将每年民族省区及非民族省区的民族自治州增值税收入比上年递增部分80%转移支付给民族地区，其中50%按照来源地返还以调动民族地区增加财政收入积极性，其余50%按照因素法通过转移支付方式分配给民族地区，目的是均衡民族地区间财政能力不均等以及经济发展水平存在差异的现状。很显然，民族地区转移支付的制度设计仅有一部分遵循了财政均等化的内在逻辑，其余部分采用来源地规则分配，并非完全意义上的财政能力均等化转移支付体系。

3. 调整工资转移支付的财力均等化效应

国务院决定自1998年开始实施调整工资转移支付体制，目的是应对亚洲金融危机的影响，缓解国内经济增长有效性需求不足。其中1999—2006年连续五次增加机关干部、事业单位离退休人员离退休费与职工工资，实施艰苦边远区域津贴补助政策，以及发放一次性年终奖金等政策。中央决定上海、浙江、福建、北京、江苏、广东等沿海经济发达地区由地方政府本级财政解决调整工资转移支付资金，财政困难的中西部地区、老工业基地由中央财政给予适当补助性支持。很显然，这种转移支付制度安排仅针对机关干部、事业单位职工工资和离退休人员离退休费，而非针对基础教育、医疗卫生、社会保障等涉及公民权益的基本公共服务的均等化，并非完全按照财政均等目标的内在逻辑设计，均衡财政能力效应具有不确定性。

4. 农村税费改革转移支付的财力均等化效应

国务院决定自 2003 年实施农村税费改革转移支付体制，目的是保证中央农村税费改革试点的顺利工作，进一步规范农村税费制度，有效地遏制面向农民的乱罚款、乱集资、乱收费和各种摊派，从本质上减少农民负担问题，维护农村基层政府社会稳定，促进城乡一体化和谐发展。在农村税费改革工作的推进过程，农民负担将明显减轻，而农村基层政府财政收入也将相应减少。为保证农村税费改革的顺利推行，中央财政统筹考虑各地方政府提高农业税率和取消屠宰税减收、降低农业特产税税率、调整村提留提取办法、取消乡镇统筹等因素，对基层政府实施农村税费改革而减收部分，通过转移支付制度给予适当的补助，在真正降低农村负担的前提下，保证基层农村政府机构和乡镇组织正常运转，确保农村医疗卫生、义务教育、社会保障等基本公共服务经费正常需要。由于农村税费改革转移支付项目在整体一般性转移支付中所占比重较低，均衡地方政府财政能力的效果较为有限。

5. 资源枯竭城市财力性转移支付的财力均等化效应

国务院决定自 2007 年实施资源枯竭城市财力性转移支付体制，目的是加大对资源型城市尤其是资源枯竭城市可持续发展的支持力度。长期以来，资源型城市作为重要原材料和基础能源的供应地，对经济社会的发展起到重要的作用。值得一提的是，由于资源衰减和缺乏统筹规划等原因，这些城市发展过程中存在诸多社会经济问题，如失业和贫困人口较多、生态环境破坏严重、维护社会稳定压力较大、经济结构失衡等问题。为落实《国务院关于促进资源型城市可持续发展的若干意见》，中央财政将给予包括 2007 年确定的第一批 12 个资源枯竭城市，和 2009 年确定的第二批 32 个城市在内的 44 个城市，进行财力性转移支付资金支持。在实施资源枯竭城市财力性转移支付制度以来，由于各个资源枯竭城市资源禀赋、区位优势、基础条件上存在差异，不同城市经济社会发展差异较大，除个别城市基本步入可持续发展轨道外，大部分城市历史遗留问题尚未得到根本解决，可持续发展能力不强，接续替代产业层次较低，转移支付财政均等化效果并非十分明显。

6. 工商部门停征“两费”转移支付的财力均等化效应

为减轻个体户和小企业负担，财政部、国家发改委、国家工商总局联合发出通知称，经国务院批准，决定从2008年9月1日起，在全国统一停止征收个体工商户管理费和集贸市场管理费。个体工商户管理费和集贸市场管理费，收取依据分别是国务院1983年颁布的《城乡集市贸易管理办法》和1987年颁布的《城乡个体工商户管理暂行条例》，具体由工商管理部门负责征收，主要是建设集贸市场、工商行政管理部门经费开支等。1998年后，“两费”实行“收支两条线”管理。“两费”收入作为财政非税收入，全部纳入财政预算管理，最终于2008年9月份开始废止。在财政体制方面，为切实保障工商部门正常履行市场监管职能的经费，“两费”停征后所造成的财政减收，由各省、自治区、直辖市、计划单列市人民政府统筹解决；另外，中央财政将结合地方财力实际情况，通过工商部门停征“两费”转移支付制度对地方给予适当补助。同时，为保证停征“两费”政策的顺利实施，中央财政安排20亿元资金一次性补助给地方，帮助地方工商部门彻底化解历史遗留的市场建设债务，要求各省、自治区、直辖市政府要确保在补助资金到位后的一年内，消除地方工商部门的所有历史遗留市场建设债务。由于工商部门停征“两费”转移支付，并非完全按照财政均等化的逻辑进行转移支付制度设计，因此均衡财政能力效用并非十分明显。

7. 定额补助（原体制补助）的财力均等化效应

为了照顾原有的既得利益，1994年分税制体制中仍保留了原有体制上解。各地区的上缴额是在老体制下按基数法确定的。上解数额的确定缺乏明确科学的依据，而通常是双方讨价还价博弈的结果，随意性很大。而且分配方式多年保持不变，这就使目前的再分配状况很不合理。例如，河南、重庆、湖南和安徽目前属于按人均自有财政收入排在后10位的省（市），但要向中央政府上解部分收入；福建、海南和山东属于人均收入最高的前10个省份，反而获得补助。这实际上是一种中央政府和地方政府上下双向流动的一般性转移支付形式，均等化财政能力效果并非十分明显。

8. 其他一般性转移支付的财力均等化效应

其他一般性转移支付项目主要包括县乡基本财力保障机制奖补资金、企事业单位划转补助、结算财力补助、工商部门停征两费转移支付、村组公益事业“一事一议”奖励资金、一般公共服务转移支付、公共安全转移支付、教育转移支付、社会保障和就业转移支付、医疗卫生转移支付。上述的转移支付在制度设计上并非以财力均等化为基本原理，各项转移支付制度财力均等化效果具有不确定性。

（二）专项转移支付的财力均等化效应

专项转移支付是指中央政府为实现特定的宏观政策及事业发展目标，以及委托地方政府代理特定事物而给予地方政府的资金补助，地方政府需按规定用途使用资金，主要着眼于解决地区间具有外溢性的公共服务的提供问题，以国家宏观调控、促进各地协调发展和调整产业结构、优化资源配置为政策目标。中央政府对地方的专项补助几乎涉及所有范围，也包括用于对贫困地区发展义务教育等支援不发达地区支出项目，但从总体分布来看，专项拨款主要分布于我国东部较发达地区。首先，专项补助的分配缺乏科学的依据和标准，普遍存在“讨价还价”等人为的、随意性问题，而在这种中央与各地的博弈过程中，欠发达地区往往缺乏发言权和竞争力，使得大量专项转移支付资金最终流向了发达地区而非贫困地区，这一点从专项补助的资金用途与实际地区分布的矛盾中可以得到说明。其次，专项补助几乎成了固定的项目拨款，灵活性小。由于专项补助从总体上看主要是针对东部发达地区，享受一般性转移支付的主要是中西部地区，过大的专项补助数额必然不利于中西部欠发达地区的发展，也影响到一般性转移支付在均衡区域间财政差异方面的效果。

从转移支付结构和特征的一般性分析可知，目前中央政府通过实施对地方的财政转移支付，缓解了地方财政困难，缩小了地区间公共服务差距，调动了地方财政的积极性，有力地支持了地方经济社会的协调发展。但不可否认的是，在多级财政体制下，各区域经济发展的不平衡、城乡之间财政能力的经济社会发展现状，而现有的财政转移支付未能有效地改善当前的格局。目前，我国财政转移支付制度存在的突出问题主要为：以基本公共服务均等化为目标的一般性转移支付比重偏低；专项转移支付所占的比重较高，且项目繁杂，交叉重复，管理不规范；省以下转移支付力度较弱，尚未发挥缩小省内财力差距的作用；转移支付资金预算编报不完整，分配透明度不高，资金的使用需加强监管；转移支付的法制化建设需要加快步伐等。中共十七大报告明确提出："加快形成统一规范透明的财政转移支付制度，提高一般性转移支付规模和比例。"按照这个要求，在当前时代背景下必须规范和完善转移支付制度，在中央和地方政府间形成合理科学的财政激励机制，彻底改变中国长期以来存在的、区域之间地方政府财政能力的严重失衡问题。

第五章

中国转移支付制度财力均等化效应考察

第四章在回顾中国转移支付制度体制变迁历程时，对中国现行转移支付制度的财力均等化效应进行一般性分析，从研究方法上看，这应该属于理论层面的分析。但仅仅是理论层面上的定性分析，并不能量化反映中国转移支付制度财力均等化的实际效果。鉴于此，本章再次运用时间序列泰尔指数模型，考察转移支付后财政能力指标体系的均等化水平，构建出转移支付制度均等化地方政府财政能力效应的测算系数，判断中国转移支付制度是否具有明显的财力均等化效应。实际测算过程中，用实施转移支付制度前财政能力指标体系时间序列泰尔指数，来衡量转移支付制度实施前中国地方政府间公共财政能力差距状况，用实施转移支付制度后财政能力指标体系泰尔指数，来衡量实施转移支付后中国地方政府间公共财政能力差距状况，运用实施转移支付前泰尔指数与转移支付后泰尔指数比值绝对值，衡量中国均等化转移支付制度的动态均衡过程，构造出中国财政转移支付制度均等化效用的衡量指标，刻画出转移支付制度在均衡地方政府财政能力指标总体不均等、区域之间不均等、区域内部不均等的均等化指标体系，从而对转移支付制度的财力均等化过程形成较为系统的认识。

第一节　地方政府实际财政能力均等化水平考察

在测算转移支付制度财政能力均等化效果的过程中，我们使用转移支付后财政能力指标体系时间序列泰尔指数的动态均等化水平，来衡量实施转移支付后中国地方政府间公共财政能力差距状况，测算内容包括地方政府接收中央财政补助之后财政收入指标体系的动态均等化水平，以及地方对中央财政上解之后财政支出指标体系的动态均等化水平。详细的测算结果见下文：

一　地方政府实际财政收入均等化水平考察

表5-1考察了1996—2008年中国31个省、自治区和直辖市接收中央财政补助后，地方政府财政收入指标体系动态均等化程度的整体调整过程及区域维度的分解情况。

首先，观察在接收中央财政补助之后，地方政府财政收入指标体系总体不均等程度动态调整指标 dAR ，主要演变过程可分为4个阶段：1996—2000年为第一阶段，特点是调整指标 dAR 围绕在较小范围内波动，调整区间介乎于-0.010875至0.010321区间；2001—2002年为第二阶段，特点是调整指标 dAR 快速上升并大幅度超过原有水平，在较短时间内上升到一个新的平台，最高接近于0.012571水平；2003—2004年为第三阶段，特点是调整指标 dAR 出现大幅下降后，最低下降到-0.010596水平；2005—2008年为第四阶段，特点是调整指标 dAR 围绕在较小范围内调整，调整区间介乎于-0.010625至0.010269水平。很显然，2003年是一个历史分界线，在此之前转移支付后财政收入的动态均等化程度是下降的，而在此之后则呈现出不断提高的趋势。我们将动态调整指标 dAR 进行区域维度分解，可分解为东部动态调整指标 $dARE$ 、中部动态调整指标 $dARM$ 、西部动态调整指标 $dARW$ ，分析整体区域维度分解指标的变化情况，结果发现：（1）东部动态调整指标 $dARE$ 的演变过程可划分为4个阶段：1996—2000年为第一阶段，特点是调整指标 $dARE$ 围绕在较小范围内波动，调整区间介乎于-0.020843至-0.011689区间；2001—2002年为第二阶段，特点是调整指标 $dARE$ 快速上升并大幅度超过原有水平，在较短时间内上升到一个新的平台，最高接近0.030736水平；2003—2004年为第三阶段，特点是调整指标 $dARE$ 出现大幅下降后，

表 5－1　地方政府接收中央财政补助之后财政收入指标体系的动态均等化水平分解测算（1996—2008 年）

指标 年份	dAR	dARE	dARM	dARW	dAR'	dARE'	dARM'	dARW'
1996	−0. 010875	−0. 019236	0. 011081	0. 017280	−0. 010666	−0. 013584	0. 010126	0. 012791
1997	−0. 010009	−0. 014461	0. 010060	−0. 015608	−0. 010162	−0. 010741	0. 011523	−0. 010944
1998	0. 010080	−0. 011689	0. 016831	−0. 015062	−0. 010059	−0. 010265	0. 011105	−0. 010899
1999	−0. 010803	−0. 020843	0. 013466	0. 016574	−0. 010921	−0. 014211	0. 012174	0. 011117
2000	0. 010321	−0. 013012	−0. 019437	0. 022770	0. 010001	−0. 010903	−0. 012634	0. 013537
2001	−0. 010697	−0. 023304	−0. 010885	0. 023492	−0. 010624	−0. 014415	−0. 010175	0. 013967
2002	0. 010388	0. 015066	0. 012037	−0. 016715	0. 010229	0. 011140	0. 010315	−0. 011226
2003	0. 012571	0. 030736	−0. 010837	−0. 017328	0. 011523	0. 016217	−0. 011629	−0. 013065
2004	−0. 010596	−0. 033417	0. 028456	0. 014365	−0. 011173	−0. 016267	0. 014539	0. 010555
2005	0. 010269	0. 014200	−0. 010753	−0. 013178	0. 010086	0. 010644	0. 010048	−0. 010606
2006	−0. 010519	−0. 026478	0. 023423	0. 012536	−0. 010807	−0. 014801	0. 013548	0. 010446
2007	−0. 010625	−0. 019428	−0. 011164	0. 019967	−0. 010345	−0. 013189	−0. 010313	0. 013157
2008	0. 010219	−0. 047395	0. 014009	0. 043606	−0. 010756	−0. 018824	0. 010693	0. 017375

续表

年份＼指标	dAR_j^{max}	$dARE_j^{max}$	$dARM_j^{max}$	$dARW_j^{max}$	dAR_{Fj}^{max}	$dARE_{Fj}^{max}$	$dARM_{Fj}^{max}$	$dARW_{Fj}^{max}$
1996	-0. 010208	-0. 015653	0. 010955	0. 014490	-0. 010169	-0. 015575	0. 010971	0. 014434
1997	0. 010154	-0. 013720	0. 018538	-0. 014664	0. 010154	-0. 013720	0. 018538	-0. 014664
1998	0. 010139	-0. 011424	0. 015726	-0. 014163	0. 010103	-0. 011497	0. 015809	-0. 014209
1999	0. 010118	-0. 016632	0. 011293	0. 015457	0. 010007	-0. 016855	0. 011368	0. 015494
2000	0. 010320	-0. 012109	-0. 016803	0. 019233	0. 010067	-0. 012554	-0. 016288	0. 018910
2001	-0. 010074	-0. 018889	-0. 010709	0. 019525	-0. 010085	-0. 018833	-0. 010685	0. 019433
2002	0. 010159	0. 013926	0. 011722	-0. 015489	0. 010158	0. 013923	0. 011770	-0. 015535
2003	0. 011047	0. 024519	-0. 019208	-0. 014263	0. 011046	0. 024442	-0. 019054	-0. 014342
2004	0. 010578	-0. 027149	0. 023917	0. 013810	0. 010618	-0. 026902	0. 023891	0. 013629
2005	0. 010183	0. 013556	-0. 010802	-0. 012572	0. 010041	0. 013223	-0. 010570	-0. 012613
2006	0. 010288	-0. 021677	0. 019875	0. 012090	0. 010371	-0. 021342	0. 019599	0. 012113
2007	-0. 010280	-0. 016239	-0. 010851	0. 016810	-0. 010149	-0. 015698	-0. 010907	0. 016457
2008	0. 010975	-0. 038571	0. 013316	0. 036231	0. 010899	-0. 038185	0. 013400	0. 035683

注：表格数据根据 1997—2009 年《中国财政年鉴》《中国统计年鉴》《中国人口统计年鉴》相关数据计算得出。

最低下降到 -0.033417 水平；2005—2008 年为第四阶段，特点是调整指标 d*ARE* 小幅回升至 0.0142 水平后，重新出现振荡下降趋势并大幅度低于原有水平，最低下降至 -0.047395 水平。（2）中部动态调整指标 d*ARM* 的演变过程可划分为 3 个阶段：1996—2000 年为第一阶段，特点是调整指标 d*ARM* 出现小幅的上升趋势后，迅速出现下降趋势，最低下降至 -0.019437 水平；2001—2004 年为第二阶段，特点是调整指标 d*ARM* 出现振荡上升趋势，最高上升至 0.028456 水平；2004—2008 年为第三阶段，特点是调整指标 d*ARM* 围绕 -0.011164 至 0.028456 的区间内调整，最终趋向于 0.014009 的均等化水平。（3）西部动态调整指标 d*ARW* 的演变过程可划分为 4 个阶段：1996—1998 年为第一阶段，特点是调整指标出现下降趋势，由初始阶段的 0.01728 水平下降至 -0.015062 水平；1999—2000 年为第二阶段，特点是调整指标出现上升趋势，回归 0.023492 水平；2001—2003 年为第三阶段，特点是调整指标重新出现下降趋势，最低下降至 -0.017328 水平，略低于初始阶段最低水平；2004—2008 年为第四阶段，特点是调整指标迅速出现上升并大幅度超过原有水平，在较短时间内上升到一个新的平台，最高上涨至 0.043606 水平。

其次，观察区域之间不均等程度调整指标 d*AR′* 的演变过程。在所有的分解指标中，动态调整指标 d*AR′* 在调整指标 d*AR* 中所占比重最大，大多数年份占比高达 55% 以上。由此可见，在整体调整指标的不均等水平，区域之间不均等情况是最主要的。类似于调整指标 d*AR* 的演变过程，调整指标 d*AR′* 呈现波段性调整，1996—2000 年为第一阶段，基本围绕 -0.010921 至 0.010001 的区间上下波动；2001—2003 年为第二阶段，特点是调整指标 d*AR′* 快速上升并大幅度超过原有水平，在较短时间内上升到一个新的平台，最高接近 0.011523 水平；2003—2004 年为第三阶段，特点是调整指标 d*AR′* 出现大幅下降后，最低调整至 -0.011173 水平；2005—2008 年为第四阶段，特点是调整指标 d*AR′* 小幅回升后，重新出现振荡下降趋势，最终趋近于 -0.010756 水平。我们将动态调整指标 d*AR′* 分解为东部区域调整指标 $dARE'$、中部区域调整指标 $dARM'$、西部区域调整指标 $dARW'$，结果发现：（1）东部动态调整指标 $dARE'$ 的演变过程可划分为 4 个阶段：1996—2001 年为第一阶段，特点是调整指标 $dARE'$ 围绕在较小范围内波动，调整区间介乎于 -0.014415 至 -0.010265 区间；2001—2002 年为第二阶段，特点是调整指标 $dARE'$ 快速上升并大幅度超过原有水平，在较短时间内上升到一个新的平台，最高接近 0.016217 水平；2003—2004 年为第三阶段，特点是调整指标 $dARE'$ 出现大幅下降后，最低下降到 -0.016267 水平；2005—2008 年为第四阶段，特点是调整指标 $dARE'$ 小幅回升至 0.010644 水平后，重新出现振荡下降趋势并大幅度低于原有水平，最终下降至 -0.018824水平。（2）中部动态调整指标 $dARM'$ 的演变过程可划分为 3 个阶段：1996—2000 年为第一阶段，特点是调整指标 $dARM'$ 出现小幅的上升趋势后，迅速出现下降趋势，最低下降至 -0.012634水平；2001—2004 年为第二阶段，特点是调整指标 $dARM'$ 出现振荡上升趋势，最高上升至 0.014539 水平；2005—2008 年为第三阶段，特点是调整指标 $dARM'$ 围绕 -0.010313至 0.014539，最终收敛至 0.010693 水平。（3）西部动态调整指标 $dARW'$ 的演变过程可划分为 4 个阶段，1996—1998 年为第一阶段，特点是调整指标出现下降趋势，由初始阶段的 0.012791 水平下降至 -0.010899 水平；1999—2000 年为第二阶段，特点是调整指标出现上升趋势，回归 0.013967 水平；2001—2003 年为第三阶段，特点是调整指标重新出现下降趋势，最低下降至 -0.013065 水平，略低于初始阶段最低水平；2004—2008 年为第四阶段，特点是调整指标迅速出现上升并大幅度超过原有水平，在较短时间内上升到一个新的平台，最高上涨到 0.017375 水平。

再次，观察区域内部不均等程度动态调整指标 dAR_j^{max} 的演变趋势。在所有的分解指标中 dAR_j^{max} 所占比重最小，这说明在全部政府间财政能力不均等中，每个区域内部不均等的影响程度最小。调整指标 dAR_j^{max} 的演变趋势大体上分为 4 个阶段：1996—2000 年为第一阶段，调整指标 dAR_j^{max} 基本围绕 -0.010208 至 0.01032 较小范围内上下波动；2002—2003 年为第二阶段，调整指标出现短暂的上升趋势，从初始阶段的 -0.010074 快速上升至 0.011047 水平；2003—2006 年为第三阶段，调整指标出现大幅振荡下降趋势，最低下降至 -0.01028 水平；2007—2008 年为第四阶段，调整指标重新出现快速回升趋势，最高上升至 0.010975 水平。我们将动态调整指标 dAR_j^{max} 分解为东部、中部、西部区域指标，分别为 $dARE_j^{max}$，$dARM_j^{max}$，$dARW_j^{max}$，结果发现：（1）东部动态调整指标 $dARE_j^{max}$ 的演变过程可划分为 4 个阶段：1996—2001 年为第一阶段，特点是调整指标 $dARE_j^{max}$ 围绕在较小范围内波动，调整区间介乎于 -0.018889至 -0.011424 区间；2001—2002 年为第二阶段，特点是调整指标 $dARE_j^{max}$ 快速上升并大幅度超过原有水平，在较短时间内上升到一个新的平台，最高接近 0.024519 水平；2003—2004 年为第三阶段，特点是调整指标 $dARE_j^{max}$ 出现大幅下降后，最低下降到 -0.027149 水平；2005—2008 为第四阶段，特点是调整指标 $dARE_j^{max}$ 小幅回升至 0.013556 水平后，出现振荡下降趋势，最终下降至 -0.038571 水平。（2）中部动态调整指标 $dARM_j^{max}$ 的演变过程可划分为 3 个阶段：1996—2000 年为第一阶段，特点是调整指标 $dARM_j^{max}$ 出现小幅的上升趋势后，迅速出现下降趋势，最低下降至 -0.016803 水平；2001—2004 年为第二阶段，特点是调整指标 $dARM_j^{max}$ 出现振荡上升趋势，最高上升至 0.023917 水平；2005—2008 年为第三阶段，特点是调整指标 $dARM_j^{max}$ 围绕 -0.010851 至 0.019875，最终收敛至 0.013316 水平。（3）西部动态调整指标 $dARW_j^{max}$ 的演变过程可划分为 4 个阶段：1996—1998 年为第一阶段，特点是调整指标出现下降趋势，由初始阶段的 0.01449 水平下降至 -0.014163 水平；1999—2000 年为第二阶段，特点是调整指标出现上升趋势，小幅超过原有水平，最高回升至 0.019525 水平；2001—2003 年为第三阶段，特点是调整指标重新出现下降趋势，略低于初始阶段最低水平，最低下降至 -0.014263 水平；2004—2008 为第四阶段，特点是调整指标出现振荡上升趋势，在较短时间内上升到一个新的平台，最终上升至 0.036231 水平。

接下来，观察非固定人口效应、固定人口效应情况下调整指标 dAR_j^{max} 与 dAR_{Fj}^{max} 的变化。研究结果表明，动态调整指标 dAR_j^{max} 与 dAR_{Fj}^{max} 之间表现出高度一致的演变规律。将动态调整指标 dAR_j^{max} 与 dAR_{Fj}^{max} 进行区域维度分解，发现东部、中部、西部三组区域分解指标，即动态调整指标 $dARE_j^{max}$ 与 $dARE_{Fj}^{max}$，$dARM_j^{max}$ 与 $dARM_{Fj}^{max}$，$dARW_j^{max}$ 与 $dARW_{Fj}^{max}$ 之间，都体现为高度一致的表现规律。很显然，区域内部不均等程度的动态调整，主要取决于财政能力资源配置的均等化程度，而非人口资源配置的均等化程度，无论在东部、中部、西部区域内部均体现出相同的演变规律。

最后，考察 AR_j 由最均衡状态变化到最不均衡状态，以及由最不均衡状态变化到最均衡状态演变中，调整指标 dAR_j^{max+} 和 dAR_j^{max-} 的演变情况。经严密推算，调整指标 dAR_j^{max+} 和 dAR_j^{max-} 的均值分别为 -4.631927和 4.63585 均值绝对值近似相等①。此外，调整指标 dAR_j^{max+} 和 dAR_j^{max-} 的均方差分别为 0.010117 和 0.010108，均方差数值上较相似②。很显然，本书所采用的“最大化不均等程度测量”方法整体调整过程波动幅度较小，时间序列泰尔指数模型（Long and Dense Time-Series Theil Indexes Model）“最均衡状态到最不均衡状态”“最不均衡状态到最均衡状态”研究框架，是基于现实数据的一个合理逻辑推导。

二　地方政府上解中央财政后，财政支出均等化水平考察

表 5 - 2 考察了 1996—2008 年中国 31 个省、自治区和直辖市地方政府上解中央财政后财政支出指标体系动态均等化程度的整体调整过程及区域维度的分解情况。

---

① 调整指标 dAR_j^{max+} 和 dAR_j^{max-} 的均值可表示为 $|average(dAR_j^{max+})| \approx |average(dAR_j^{max-})|$。

② 调整指标 dAR_j^{max+} 和 dAR_j^{max-} 的均方差可表示为 $Standard\ Deviation(dAR_j^{max+}) \approx Standard\ Deviation(dAR_j^{max-})$。

表 5－2　**地方政府上解中央财政之后财政支出指标体系的动态均等化水平分解测算（1996—2008 年）**

年份 \ 指标	d*AE*	d*AEE*	d*AEM*	d*AEW*	d*AE′*	d*AEE′*	d*AEM′*	d*AEW′*
1996	－0. 010840	－0. 018608	0. 019936	0. 017832	－0. 010717	－0. 013454	0. 011516	0. 011221
1997	0. 010872	0. 010286	0. 010619	－0. 010033	0. 010551	0. 012185	0. 010038	－0. 011672
1998	0. 010088	0. 010543	0. 012109	－0. 012564	0. 010047	0. 010178	0. 010358	－0. 010488
1999	－0. 010735	－0. 020631	0. 016017	0. 013879	－0. 010940	－0. 014179	0. 012570	0. 010669
2000	－0. 010134	－0. 015685	－0. 012186	0. 017737	－0. 010248	－0. 011431	－0. 011494	0. 012678
2001	－0. 010620	－0. 029890	－0. 011369	0. 030639	－0. 010770	－0. 015701	－0. 010252	0. 015183
2002	－0. 010593	－0. 014286	0. 011468	0. 012225	－0. 010395	－0. 012633	0. 010226	0. 012012
2003	0. 014223	0. 042026	－0. 016504	－0. 031299	0. 012051	0. 018422	－0. 010956	－0. 015415
2004	－0. 010070	－0. 010851	0. 017816	－0. 017035	－0. 010370	－0. 011865	0. 012839	－0. 011345
2005	0. 010202	0. 013674	－0. 012878	－0. 010594	0. 010079	0. 010542	－0. 010289	－0. 010173
2006	－0. 010372	－0. 010429	－0. 017448	0. 017505	－0. 010100	－0. 011694	－0. 011375	0. 012969
2007	－0. 010128	－0. 039037	0. 036870	0. 012039	－0. 011081	－0. 016990	0. 015786	0. 010123
2008	0. 010963	－0. 058825	0. 016699	0. 053089	－0. 010847	－0. 010997	0. 011127	0. 019024

续表

指标 / 年份	dAE_j^{max}	$dAEE_j^{max}$	$dAEM_j^{max}$	$dAEW_j^{max}$	dAE_{Fj}^{max}	$dAEE_{Fj}^{max}$	$dAEM_{Fj}^{max}$	$dAEW_{Fj}^{max}$
1996	-0.010123	-0.015155	0.018420	0.016612	-0.010084	-0.015077	0.018442	0.016550
1997	0.010321	0.018102	0.010581	-0.018361	0.010321	0.018102	0.010581	-0.018361
1998	0.010041	0.010365	0.011752	-0.012076	0.010003	0.010291	0.011836	-0.012124
1999	0.010205	-0.016452	0.013447	0.013210	0.010091	-0.016677	0.013518	0.013250
2000	0.010114	-0.014254	-0.010691	0.015059	-0.010131	-0.014696	-0.010187	0.014752
2001	0.010150	-0.024189	-0.011117	0.025456	0.010136	-0.024117	-0.011091	0.025344
2002	-0.010198	-0.011653	0.011242	0.010213	-0.010208	-0.011601	0.011292	0.010101
2003	0.012171	0.033604	-0.015549	-0.025884	0.012176	0.033490	-0.015407	-0.025907
2004	0.010301	-0.018986	0.014977	-0.015690	0.010354	-0.018823	0.014990	-0.015812
2005	0.010122	0.013132	-0.012589	-0.010421	-0.010028	0.012798	-0.012351	-0.010475
2006	-0.010272	-0.018736	-0.016073	0.014536	-0.010192	-0.018477	-0.016181	0.014466
2007	0.010953	-0.032047	0.031084	0.011916	0.011102	-0.031390	0.030794	0.011698
2008	0.011810	-0.047827	0.015572	0.044065	0.011710	-0.047368	0.015638	0.043440

注：表格数据根据1997—2009年《中国财政年鉴》《中国统计年鉴》《中国人口统计年鉴》相关数据计算得出。

首先，观察地方政府上解中央财政后，财政支出指标体系总体不均等程度动态调整指标 d*AE*，演变过程主要分为 4 个阶段：1996—2002 年为第一阶段，特点是调整指标 d*AE* 由初始阶段的 -0.010840 水平小幅回升至 0.010872 水平后，出现缓慢振荡下降趋势，最终回归至 -0.010593 水平；2003 年为第二阶段，特点是指标 d*AE* 快速上升并大幅超过原有水平，最高上升至 0.014223 水平；2004—2006 年为第三阶段，特点是指标 d*AE* 出现大幅下降，最终下降至 -0.010372 水平；2007—2008 年为第四阶段，特点是指标 d*AE* 出现小幅振荡上升趋势，由 -0.010372 水平上升至 0.010963 水平。很显然，2003 年是一个历史分界线，在此阶段内转移支付后财政支出的动态均等化水平上升至历史高位，在此阶段前后基本上围绕在较小的范围内小幅调整。我们将动态调整指标 d*AE* 进行区域维度分解，可分解为东部动态调整指标 d*AEE*、中部动态调整指标 d*AEM*、西部动态调整指标 d*AEW*，结果发现：（1）东部动态调整指标 d*AEE* 的演变过程可划分为 4 个阶段：1996—2000 年为第一阶段，特点是调整指标 d*AEE* 由 -0.018608 水平小幅上升至 0.010286 后，呈现出振荡下降趋势，最低下降至 -0.02989 水平；2001—2002 年为第二阶段，特点是调整指标 d*AEE* 出现快速上升趋势，并大幅超过原有水平，最高达到 0.042026 水平；2003—2004 年为第三阶段，特点是调整指标 d*AEE* 呈现出快速下降趋势，由最高 0.042026 水平下降至 -0.010851 水平；2005—2008 年为第四阶段，特点是调整指标 d*AEE* 出现小幅上升趋势后，重新出现大幅下降趋势，最终下降至 -0.058825 水平。（2）中部动态调整指标 d*AEM* 演变过程可划分为 2 个阶段：1996—2000 年为第一阶段，特点是动态调整指标 d*AEM* 出现振荡下降趋势，由初始阶段的 0.019936 水平下降至 -0.012186 水平；2001—2008 年为第二阶段，特点是动态调整指标 d*AEM* 出现振荡上升趋势，最高上升至 2007 年的 0.036870 水平。（3）西部动态调整指标 d*AEW* 演变过程可划分为 3 个阶段：1996—2001 年为第一阶段，特点是动态调整指标 d*AEW* 在初始阶段出现小幅下降趋势后，逐渐出现上涨趋势，最高达到 0.030639 水平；2002—2003 年为第二阶段，特点是动态调整指标出现下降趋势，最低达到 -0.031299 水平，略低于初始阶段最低水平；2004—2008 年为第三阶段，特点是动态调整指标出现振荡上升趋势，最高回归至 0.053089 水平。

其次，观察区域之间不均等程度调整指标 d*AE*′ 的演变过程。在所有的分解指标中，动态调整指标 d*AE*′ 在调整指标 d*AE*′ 中所占比重最大，大多数年份为 80% 左右。可见，在整体调整指标的不均等水平，区域之间不均等情况是最主要的。d*AE*′ 的调整主要划分为 4 个阶段：1996—2000 年为第一阶段，调整指标 d*AE*′ 在初始阶段出现小幅上升趋势后，呈现出振荡下降趋势，最低点为 -0.01094 水平；2001—2002 年为第二阶段，调整指标 d*AE*′ 快速上升并大幅度超过原有水平，在较短时间内上升到一个新的平台，最高上升至 0.012051 水平；2003—2004 年为第三阶段，调整指标 d*AE*′ 出现大幅下降趋势，由 0.012051 水平下降至 -0.01037 水平；2005—2008 年为第四阶段，调整指标 d*AE*′ 出现小幅上升后，再次出现下降趋势，最终回落至 -0.010847 水平。我们将动态调整指标 d*AE*′ 分解为东部区域调整指标 d*AEE*′、中部区域调整指标 d*AEM*′、西部区域调整指标 d*AEW*′，结果发现：（1）东部动态调整指标 d*AEE*′ 的演变过程可划分为 4 个阶段：1996—2000 年为第一阶段，特点是调整指标 d*AEE*′ 小幅上升至 0.012185 后，呈现振荡下降趋势，最终下降至 -0.015701 水平；2001—2002 年为第二阶段，特点是调整指标 d*AEE*′ 出现快速上升阶段，较短时间内上升到一个新的平台，最高上升至 0.018422 水平；2003—2004 年为第三阶段，特点是调整指标 d*AEE*′ 呈现出快速下降趋势，由最高 0.018422 水平下降至 -0.011865 水平；2005—2008 年为第四阶段，特点是调整指标 d*AEE*′ 出现小幅上升趋势后，出现大幅下降趋势，最终下降至 -0.010977，大幅低于初始阶段均等化水平。（2）中部动态调整指标 d*AEM*′ 演变过程可划分为 2 个阶段：1996—2000 年为第一阶段，特点是动态调整指标 d*AEM*′ 出现振荡下降趋势，由初始阶段的 0.011516 水平下降至 -0.011494 水平；2001—2008 年为第二阶段，特点是动态调整指标 d*AEM*′ 出现振荡上升趋势，最高上升至 2007 年的 0.015786 水平。（3）西部动态调整指标 d*AEW*′ 演变过程可划分为 3 个阶段：1996—2001 年为第一阶段，特点是动态调整指标 dAEW' 在初始阶段出现小幅下降趋势后，逐渐出现上涨趋势，最高达到 0. 015183 水平；2002—2003 年为第二阶段，特点是动态调整 dAEW' 指标出现下降趋势，最低达到 -0. 015415 水平，大幅低于初始阶段均等化水平；2004—2008 年为第三阶段，特点是动态调整指标 dAEW' 出现回升趋势，逐渐回归至正常水平，最高达到 0. 019024 水平。

再次，观察区域内部不均等程度动态调整指标 dAE_j^{max} 的演变趋势。在所有的分解指标中 dAE_j^{max} 所占比重最小，这说明在全部地方政府间财政能力不均等中，每个区域内部不均等的影响程度最小。调整指标 dAE_j^{max} 的演变趋势大体上分为 4 个阶段：1996—2000 年为第一阶段，调整指标 dAE_j^{max} 基本围绕 -0. 010198 至 0. 010205 较小范围内上下波动；2001—2002 年为第二阶段，调整指标 dAE_j^{max} 迅速上升，最高上升至 0. 012171 水平，大幅高于初始阶段均等化水平；2003—2006 年为第三阶段，调整指标 dAE_j^{max} 迅速振荡下降，由 0. 012171 水平下降至 -0. 010272 水平；2007—2008 年为第四阶段，调整指标 dAE_j^{max} 重新出现迅速上升趋势，最终回升至 0. 01181 水平。我们将动态调整指标 d$AE_j{}^{max}$ 分解为东部区域调整指标 dAEE_j^{max} 、中部区域调整指标 dAEM_j^{max} 、西部区域调整指标 dAEW_j^{max} ，结果发现：（1）东部动态调整指标 dAEE_j^{max} 的演变过程可划分为 3 个阶段：1996—2000 年第一阶段，特点是调整指标 dAEE_j^{max} 出现小幅上升后，呈现振荡下降趋势，最低点为 -0. 024189 水平；2001—2003 年为第二阶段，特点是调整指标 dAEE_j^{max} 出现迅速上升趋势，最高上升至 0. 033604 水平；2004—2008 年为第三阶段，特点是调整指标 dAEE_j^{max} 呈现出振荡下降趋势，由 0. 033604 水平调整至 -0. 047827 水平，大幅低于初始阶段均等化水平。（2）中部动态调整指标 dAEM_j^{max} 演变过程可划分为 2 个阶段：1996—2006 年为第一阶段，特点是动态调整指标 dAEM_j^{max} 基本上围绕在较小范围内波动，调整范围介于 -0. 010691 至 0. 013447 之间；2007—2008 年为第二阶段，特点是动态调整指标 dAEM_j^{max} 出现小幅上升趋势，最高上升至 0. 031084 水平。（3）西部动态调整指标

$dAEW_j^{max}$ 表现出相似的演变规律，演变过程可划分为 3 个阶段：1996—2001 年为第一阶段，特点是动态调整指标 $dAEW_j^{max}$ 在初始阶段出现小幅下降后，重新逐渐出现上涨趋势，最高上升至 0.025456 水平；2002—2003 年为第二阶段，特点是动态调整指标 $dAEW_j^{max}$ 出现下降趋势，最低达到 -0.025884 水平，低于初始阶段均等化水平；2004—2008 年为第三阶段，特点是动态调整指标 $dAEW_j^{max}$ 出现回升趋势，逐渐回归至正常水平，最高达到 0.044065 水平。

接下来，观察非固定人口效应、固定人口效应情况下调整指标 dAE_j^{max} 与 dAE_{Fj}^{max} 的变化。研究结果表明，动态调整指标 dAE_j^{max} 与 dAE_{Fj}^{max} 之间表现出高度一致的演变规律。将动态调整指标 dAE_j^{max} 与 dAE_{Fj}^{max} 进行区域维度分解，发现东部、中部、西部三组区域分解指标，即动态调整指标 $dAEE_j^{max}$ 与 $dAEE_{Fj}^{max}$，$dAEM_j^{max}$ 与 $dAEM_{Fj}^{max}$，$dAEW_j^{max}$ 与 $dAEW_{Fj}^{max}$ 之间，都体现为高度一致的表现规律。很显然，区域内部不均等程度的动态调整，主要取决于财政能力资源配置的均等化程度，而非人口资源配置的均等化程度，无论在东部、中部、西部区域内部均体现出相同的演变规律。

最后，考察 AE_j 由均衡状态变化到最不均衡状态，以及由最不均衡状态变化到最均衡状态演变中，调整指标 dAE_j^{max+} 和 dAE_j^{max-} 的演变情况。经严密推算，调整指标 dAE_j^{max+} 和 dAE_j^{max-} 的均值分别为 -4.628887 和 4.632795 均值绝对值近似相等①。此外，调整指标 dAE_j^{max+} 和 dAE_j^{max-} 的均方差分别为 0.010123 和 0.010114，均方差在数值上较相似②。很显然，本书所采用的“最大化不均等程度测量”方法整体调整过程波动幅度较小，时间序列泰尔指数模型（Long and Dense Time-Series Theil Indexes Model）“最均衡状态到最不均衡状态”“最不均衡状态到最均衡状态”研究框架，是基于现实数据合理逻辑推导。

---

① 调整指标 $dAE_j{}^{max+}$ 和 $dAE_j{}^{max-}$ 的均值可表示为 $|average(dAE_j{}^{max+})| \approx |average(dAE_j{}^{max-})|$。

② 调整指标 $dAE_j{}^{max+}$ 和 $dAE_j{}^{max-}$ 的均方差可表示为 Standard Deviation($dAE_j{}^{max+}$) ≈ Standard Deviation($dAE_j{}^{max-}$)。

第二节　中国转移支付制度财力均等化效应考察

在本节的研究中，我们使用实施转移支付前财政能力指标体系时间序列泰尔指数①，来衡量转移支付实施前中国地方政府间公共财政能力差距状况，用实施转移支付后财政能力指标体系泰尔指数，来衡量实施转移支付后中国地方政府间公共财政能力差距状况，借用实施转移支付前与转移支付后的泰尔指数比值绝对值②衡量转移支付制度的动态均等化效果。

一　中国转移支付制度财政收入均等化效应的区域维度分解

表5－3考察了1996—2008年中国31个省、自治区和直辖市转移支付制度均等化地方政府财政收入指标体系的效果及区域维度的分解情况。

首先，观察转移支付均衡地方政府财政收入总体不均等的均等化指标$[dTR/dAR]_{t+1}^{t}$。从数理统计结果看，总体不均等程度的均等化指标$[dTR/dAR]_{t+1}^{t}$均值为0.795136水平，明显低于1的均值水平标准，表明地方政府在接收中央财政补助之后财政收入均等化水平得到实质性改善，转移支付制度在均衡地方政府财政收入总体不均等上取得明显的均等化效应。我们将总体不均等程度的均等化指标$[dTR/dAR]_{t+1}^{t}$进行区域维度分解，可分解为东部区域均等化指标$[dTRE/dARE]_{t+1}^{t}$、中部区域均等化指标$[dTRM/dARM]_{t+1}^{t}$、西部区域均等化指标$[dTRW/dARW]_{t+1}^{t}$，结果发现：东部区域均等化指标$[dTRE/dARE]_{t+1}^{t}$与中部区域均等化指标$[dTRM/dARM]_{t+1}^{t}$的均值较为相近，分别为1.481391水平和1.172718水平，接近于1的均值水平标准；值得一

① 对转移支付前财政能力指标体系的动态均等化水平分解测算，包括本级财政收入和本级财政支出指标体系的动态均等化水平分解测算两方面。

② 在实际测算过程中：若两者比值绝对值小于1，证明转移支付的均等化效果较为明显；若两者比值绝对值大于1，则证明转移支付的均等化效果较弱。

表 5-3　**转移支付制度均等化地方政府财政收入效应测算及区域维度的分解情况（1996—2008 年）**

指标 年份	$[dTR/dAR]^t_{t+1}$	$[dTRE/dARE]^t_{t+1}$	$[dTRM/dARM]^t_{t+1}$	$[dTRW/dARW]^t_{t+1}$	$[dTR'/dAR']^t_{t+1}$	$[dTRE'/dARE']^t_{t+1}$	$[dTRM'/dARM']^t_{t+1}$	$[dTRW'/dARW']^t_{t+1}$
1996	1. 134890	1. 273349	0. 146696	0. 796069	1. 042923	1. 277549	0. 107159	0. 834307
1997	0. 012389	0. 144676	4. 972944	0. 223936	0. 073528	0. 115368	4. 137818	0. 245431
1998	0. 069991	0. 117052	0. 527642	14. 888111	0. 061575	0. 087864	0. 567115	8. 327981
1999	0. 224490	0. 606050	0. 766741	0. 496076	0. 393282	0. 608169	0. 832188	0. 566808
2000	0. 043632	0. 051567	0. 561350	1. 386283	0. 010177	0. 077072	0. 560739	1. 347490
2001	0. 075498	0. 354504	0. 021565	1. 517567	0. 105847	0. 317157	0. 030394	1. 759180
2002	4. 911392	7. 699312	3. 611612	5. 875067	3. 176988	22. 795186	3. 797076	11. 677843
2003	2. 318305	2. 789586	1. 592481	5. 582480	1. 445322	2. 474843	1. 815837	5. 472554
2004	0. 573628	1. 749751	1. 458544	3. 008148	0. 966510	1. 711914	1. 635607	1. 687435
2005	0. 094519	0. 176303	0. 094478	0. 244355	0. 045179	0. 135177	0. 048582	0. 324795
2006	0. 343254	1. 052333	1. 150485	0. 771133	0. 505536	0. 997060	1. 293825	0. 937691
2007	0. 428964	1. 524134	0. 056169	2. 117411	0. 215827	0. 938756	0. 104778	2. 657708
2008	0. 115812	1. 719462	0. 284626	3. 763004	0. 401675	1. 620242	0. 341244	4. 810710

续表

指标 / 年份	$[dTR_j^{MAX}/dAR_j^{MAX}]_{t+1}^t$	$[dTRE_j^{MAX}/dARE_j^{MAX}]_{t+1}^t$	$[dTRM_j^{MAX}/dARM_j^{MAX}]_{t+1}^t$	$[dTRW_j^{MAX}/dARW_j^{MAX}]_{t+1}^t$	$[dTR_{Fj}^{MAX}/dAR_{Fj}^{MAX}]_{t+1}^t$	$[dTRE_{Fj}^{MAX}/dARE_{Fj}^{MAX}]_{t+1}^t$	$[dTRM_{Fj}^{MAX}/dARM_{Fj}^{MAX}]_{t+1}^t$	$[dTRW_{Fj}^{MAX}/dARW_{Fj}^{MAX}]_{t+1}^t$
1996	1. 587786	1. 272392	0. 154224	0. 789060	2. 139704	1. 274931	0. 157086	0. 787948
1997	0. 098718	0. 152387	5. 158640	0. 220035	0. 098576	0. 152387	5. 158640	0. 220035
1998	0. 759563	0. 124764	0. 520647	17. 941965	0. 734592	0. 132144	0. 532366	15. 362319
1999	0. 095469	0. 605494	0. 755357	0. 483682	0. 016142	0. 620984	0. 765566	0. 489359
2000	0. 107780	0. 045171	0. 561446	1. 393763	0. 025547	0. 055476	0. 552864	1. 354662
2001	0. 022162	0. 364537	0. 020120	1. 476369	0. 025709	0. 364565	0. 019489	1. 472535
2002	1. 046053	5. 545746	3. 579609	5. 293181	1. 099566	5. 668949	4. 051188	5. 613534
2003	19. 036364	2. 882197	1. 558570	5. 606677	14. 532090	2. 875221	1. 562918	5. 442869
2004	3. 302857	1. 758725	1. 429269	3. 395416	2. 192297	1. 768136	1. 428716	2. 962793
2005	0. 194681	0. 186583	0. 114804	0. 230878	0. 059863	0. 173676	0. 084151	0. 235265
2006	3. 428571	1. 065414	1. 128175	0. 742949	1. 512494	1. 068976	1. 126980	0. 749949
2007	2. 000000	1. 736996	0. 047978	2. 039285	0. 663285	1. 595531	0. 051413	2. 048443
2008	108. 3333	1. 743893	0. 275086	3. 603269	22. 465690	1. 748866	0. 282425	3. 628189

注:表格数据根据 1997—2009 年《中国财政年鉴》《中国统计年鉴》《中国人口统计年鉴》相关数据计算得出。

提的是，西部区域均等化指标 $[dTRW/dARW]_{t+1}^{t}$ 的均值为 3.128434 水平，明显背离于 1 的均值水平标准。很显然，转移支付在均衡西部区域地方政府财政收入总体不均等方面，均等化效果不明显。

其次，观察转移支付均衡地方政府财政收入区域之间不均等的均等化指标 $[dTR'/dAR']_{t+1}^{t}$ 。从数理统计结果看，区域之间不均等程度均等化指标 $[dTR'/dAR']_{t+1}^{t}$ 均值为 0.648798，明显低于 1 的均值水平标准，说明转移支付制度在均衡地方政府财政收入区域不均等上的均等化效应较为明显。我们将区域之间不均等程度均等化指标 $[dTR'/dAR']_{t+1}^{t}$ 进行区域维度分解，可分解为东部区域均等化指标 $[dTRE'/dARE']_{t+1}^{t}$ 、中部区域均等化指标 $[dTRM'/dARM']_{t+1}^{t}$ 、西部区域均等化指标 $[dTRW'/dARW']_{t+1}^{t}$ ，结果发现：中部均等化指标 $[dTRM'/dARM']_{t+1}^{t}$ 的均值为 1.174797 水平，接近于 1 的均值水平标准；而东部均等化指标 $[dTRE'/dARE']_{t+1}^{t}$ 和西部均等化指标 $[dTRW'/dARW']_{t+1}^{t}$ 的均值分别为 2.550489 和 3.126918 水平，明显背离于 1 的均值水平标准，说明转移支付在均衡东部、西部地方政府财政收入区域之间不均等方面，均等化效果不明显。

再次，观察转移支付均衡地方政府财政收入区域内部不均等的均等化指标 $[dTR_j^{MAX}/ dAR_j^{MAX}]_{t+1}^{t}$ 。从数理统计结果看，区域内部不均等程度均等化指标 $[dTR_j^{MAX}/ dAR_j^{MAX}]_{t+1}^{t}$ 均值为 10.770254 水平，明显背离于 1 的均值水平标准，说明转移支付在均衡地方政府财政收入区域内部不均等程度均等化效果不明显。我们将区域之间不均等程度均等化指标 $[dTR_j^{MAX}/ dAR_j^{MAX}]_{t+1}^{t}$ 进行区域维度分解，可分解为东部区域均等化指标 $[dTRE_j^{MAX}/ dARE_j^{MAX}]_{t+1}^{t}$ 、中部区域均等化指标 $[dTRM_j^{MAX}/ dARM_j^{MAX}]_{t+1}^{t}$ 、西部区域均等化指标 $[dTRW_j^{MAX}/ dARW_j^{MAX}]_{t+1}^{t}$ ，结果发现：东部区域均等化指标 $[dTRE_j^{MAX}/ dARE_j^{MAX}]_{t+1}^{t}$ 、中部区域均等化指标 $[dTRM_j^{MAX}/ dARM_j^{MAX}]_{t+1}^{t}$ 的均值较为相近，分别为 1.344946 水平和 1.177225 水平，接近于 1 的均值水平标准；但是西部区域均等化指标 $[dTRW_j^{MAX}/ dARW_j^{MAX}]_{t+1}^{t}$ 的均值为 3.324348 水平，背离于 1 的均值水平标准，表明转移支付在均衡西部区域地方政府财政收入区域内部不均等方面，均等化效果不明显。

最后，考察固定人口效应情况下，转移支付均衡地方政府财政收入区域内部不均等的均等化指标 $[dTR_{Fj}^{MAX}/dAR_{Fj}^{MAX}]_{t+1}^{t}$。从数理统计结果看，固定人口效应情况下，区域内部不均等程度均等化指标 $[dTR_{Fj}^{MAX}/dAR_{Fj}^{MAX}]_{t+1}^{t}$ 均值为 3.504273 水平，背离于 1 的均值水平标准，说明转移支付在均衡地方政府财政收入区域内部均等化效果不明显。在固定人口效应的情况下，我们对区域之间不均等程度均等化指标 $[dTR_{Fj}^{MAX}/dAR_{Fj}^{MAX}]_{t+1}^{t}$ 进行区域维度分解，可分解为东部区域均等化指标 $[dTRE_{Fj}^{MAX}/dARE_{Fj}^{MAX}]_{t+1}^{t}$、中部区域均等化指标 $[dTRM_{Fj}^{MAX}/dARM_{Fj}^{MAX}]_{t+1}^{t}$、西部区域均等化指标 $[dTRW_{Fj}^{MAX}/dARW_{Fj}^{MAX}]_{t+1}^{t}$，结果发现：东部区域均等化指标 $[dTRE_{Fj}^{MAX}/dARE_{Fj}^{MAX}]_{t+1}^{t}$、中部区域均等化指标 $[dTRM_{Fj}^{MAX}/dARM_{Fj}^{MAX}]_{t+1}^{t}$ 的均值较为相近，分别为 1.364614 水平和 1.213369 水平，接近于 1 的均值水平标准；但是西部区域均等化指标 $[dTRW_{Fj}^{MAX}/dARW_{Fj}^{MAX}]_{t+1}^{t}$ 的均值为 3.105223 水平，背离于 1 的均值水平标准，表明在固定人口效应情况下，转移支付在均衡西部区域地方政府财政收入区域内部不均等方面均等化效果不明显。很显然，在非固定人口效应、固定人口效应情况下，转移支付均衡地方政府财政收入区域内部不均等的均等化指标 $[dTR_{j}^{MAX}/dAR_{j}^{MAX}]_{t+1}^{t}$ 和 $[dTR_{Fj}^{MAX}/dAR_{Fj}^{MAX}]_{t+1}^{t}$ 表现出高度一致的演变规律，区域内部不均等程度的动态调整，主要取决于财政能力资源配置的均等化程度，而非人口资源配置的均等化程度。

二　中国转移支付制度财政支出均等化效应的区域维度分解

表 5－4 考察了 1996—2008 年中国 31 个省、自治区和直辖市转移支付制度均等化地方政府财政收入指标体系的效果及区域维度的分解情况。

首先，观察转移支付均衡地方政府财政收入总体不均等的均等化指标 $[dTE/dAE]_{t+1}^{t}$。从数理统计结果看，总体不均等程度的均等化指标 $[dTE/dAE]_{t+1}^{t}$ 均值为 1.321574，明显背离于 1 的均值水平标准，表明地方政府在上解中央财政之后财政支出均等化水平并未得到实质

表 5-4 转移支付制度均等化地方政府财政支出效应测算及区域维度的分解情况(1996—2008 年)

年份 \ 指标	$[dTE/dAE]^{t}_{t+1}$	$[dTEE/dAEE]^{t}_{t+1}$	$[dTEM/dAEM]^{t}_{t+1}$	$[dTEW/dAEW]^{t}_{t+1}$	$[dTE'/dAE']^{t}_{t+1}$	$[dTEE'/dAEE']^{t}_{t+1}$	$[dTEM'/dAEM']^{t}_{t+1}$	$[dTEW'/dAEW']^{t}_{t+1}$
1996	3.962264	2.503767	1.055898	3.576256	3.051064	2.812704	1.039068	2.620172
1997	0.373288	0.360066	0.076420	0.553362	0.419650	0.380662	0.028211	0.543033
1998	0.661654	0.505587	0.779956	0.703236	0.903846	0.640288	0.781659	0.714495
1999	1.721311	1.404138	1.121717	277.071429	1.508828	1.405651	1.106804	23.892857
2000	0.577586	7.884882	0.765500	1.149514	3.815385	8.779141	0.712786	1.152324
2001	1.291667	1.275062	0.337275	1.133896	1.652361	1.292744	0.370588	1.120891
2002	1.422062	1.363038	1.216239	1.084642	1.880952	1.399044	1.153061	1.077088
2003	0.906612	0.901188	0.798723	0.925130	0.954842	0.908130	0.784893	0.916554
2004	0.364583	1.656641	1.053391	0.691672	1.868687	1.828431	1.048375	0.713150
2005	1.541985	1.551520	2.255486	0.618106	5.642857	1.895105	8.257143	0.729958
2006	1.084548	1.026476	1.015544	1.020640	1.428571	1.034820	1.006589	1.012274
2007	2.370370	1.017569	0.967006	7.055363	1.096349	1.023126	0.960970	0.702857
2008	0.902530	1.028661	1.359099	0.995593	1.258544	1.034039	1.332151	0.989799

续表

指标 / 年份	$[dTE_j^{MAX}/dAE_j^{MAX}]_{t+1}^t$	$[dTEE_j^{MAX}/dAEE_j^{MAX}]_{t+1}^t$	$[dTEM_j^{MAX}/dAEM_j^{MAX}]_{t+1}^t$	$[dTEW_j^{MAX}/dAEW_j^{MAX}]_{t+1}^t$	$[dTE_{Fj}^{MAX}/dAE_{Fj}^{MAX}]_{t+1}^t$	$[dTEE_{Fj}^{MAX}/dAEE_{Fj}^{MAX}]_{t+1}^t$	$[dTEM_{Fj}^{MAX}/dAEM_{Fj}^{MAX}]_{t+1}^t$	$[dTEW_{Fj}^{MAX}/dAEW_{Fj}^{MAX}]_{t+1}^t$
1996	5. 347826	2. 442779	1. 058986	3. 835267	1. 615385	2. 461953	1. 058691	3. 642937
1997	0. 313783	0. 354931	0. 086036	0. 555474	0. 313783	0. 354931	0. 086036	0. 555474
1998	0. 506173	0. 457967	0. 779706	0. 700878	0. 066667	0. 401379	0. 786970	0. 704945
1999	1. 045918	1. 403754	1. 124519	76. 428571	0. 947917	1. 396266	1. 123317	541. 666667
2000	0. 682635	4. 812217	0. 773421	1. 149016	1. 955224	10. 624434	0. 765825	1. 153131
2001	10. 71429	1. 270965	0. 330669	1. 136581	4. 857143	1. 270921	0. 325964	1. 136757
2002	0. 956522	1. 355158	1. 228487	1. 086143	0. 945455	1. 355574	1. 355719	1. 087181
2003	0. 864940	0. 899465	0. 801300	0. 926911	0. 866587	0. 899519	0. 797846	0. 927171
2004	0. 771795	1. 624661	1. 054347	0. 686866	0. 802721	1. 638440	1. 054001	0. 692234
2005	1. 042735	1. 504323	2. 084541	0. 582296	1. 037037	1. 591581	2. 332341	0. 611326
2006	0. 996337	1. 024991	1. 017594	1. 022438	0. 974619	1. 025154	1. 016779	1. 022260
2007	0. 916346	1. 016365	0. 968138	4. 129310	0. 933898	1. 016351	0. 968060	6. 632813
2008	1. 040230	1. 027411	1. 364683	0. 996765	1. 043956	1. 027461	1. 354637	0. 996856

注：表格数据根据 1997—2009 年《中国财政年鉴》《中国统计年鉴》《中国人口统计年鉴》相关数据计算得出。

性改善，转移支付制度在均衡地方政府财政支出方面均等化效果不明显。我们将总体不均等程度的均等化指标 $[dTE/dAE]_{t+1}^{t}$ 进行区域维度分解，可分解为东部区域均等化指标 $[dTEE/dAEE]_{t+1}^{t}$ 、中部区域均等化指标 $[dTEM/dAEM]_{t+1}^{t}$ 、西部区域均等化指标 $[dTEW/dAEW]_{t+1}^{t}$ ，结果发现：东部区域均等化指标 $[dTEE/dAEE]_{t+1}^{t}$ 与中部区域均等化指标 $[dTEM/dAEM]_{t+1}^{t}$ 的均值较为相近，分别为 1.729123 水平和 0.984789 水平；但是西部区域均等化指标 $[dTEW/dAEW]_{t+1}^{t}$ 的均值为 22.813757 水平，明显背离于 1 的均值水平标准。很显然，转移支付在均衡西部区域地方政府财政支出总体不均等方面均等化效果不明显，导致了转移支付制度在均衡地方政府财政支出方面均等化效果不明显。

其次，观察转移支付均衡地方政府财政支出区域之间不均等的均等化指标 $[dTE'/dAE']_{t+1}^{t}$ 。从数理统计结果看，区域之间不均等程度均等化指标 $[dTE'/dAE']_{t+1}^{t}$ 均值为 1.960149，明显背离于 1 的均值水平标准，说明转移支付制度在均衡地方政府财政支出区域不均等方面，均等化效果不明显。我们将区域之间不均等程度均等化指标 $[dTE'/dAE']_{t+1}^{t}$ 进行区域维度分解，可分解为东部区域均等化指标 $[dTEE'/dAEE']_{t+1}^{t}$ 、中部区域均等化指标 $[dTEM'/dAEM']_{t+1}^{t}$ 、西部区域均等化指标 $[dTEW'/dAEW']_{t+1}^{t}$ ，结果发现：东部区域均等化指标 $[dTEE'/dAEE']_{t+1}^{t}$ 、中部区域均等化指标 $[dTEM'/dAEM']_{t+1}^{t}$ ，均值分别为 1.879529 水平和 1.429408 水平；而西部均等化指标 $[dTEW'/dAEW']_{t+1}^{t}$ 的均值为 2.783496 水平，明显背离于 1 的均值水平标准，说明转移支付在均衡西部区域地方政府财政支出区域之间不均等程度方面均等化效果不明显。

再次，观察转移支付均衡地方政府财政支出区域内部不均等的均等化指标 $[dTE_j^{MAX}/dAE_j^{MAX}]_{t+1}^{t}$ 。从数理统计结果看，区域内部不均等程度均等化指标 $[dTE_j^{MAX}/dAE_j^{MAX}]_{t+1}^{t}$ 均值为 1.938425 水平，背离于 1 的均值水平标准，说明转移支付在均衡地方政府财政支出区域内部不均等程度均等化效果不明显。我们将区域之间不均等程度均等化指标 $[dTE_j^{MAX}/dAE_j^{MAX}]_{t+1}^{t}$ 进行区域维度分解，可分解为东部区域均等化指标 $[dTEE_j^{MAX}/dAEE_j^{MAX}]_{t+1}^{t}$ 、中部区域均等化指标 $[dTEM_j^{MAX}/dAEM_j^{MAX}]_{t+1}^t$ 、西部区域均等化指标 $[dTEW_j^{MAX}/dAEW_j^{MAX}]_{t+1}^t$ ，结果发现：东部区域均等化指标 $[dTEE_j^{MAX}/dAEE_j^{MAX}]_{t+1}^t$ 、中部区域均等化指标 $[dTEM_j^{MAX}/dAEM_j^{MAX}]_{t+1}^t$ 的均值较为相近，分别为 1.476537 水平和 0.974802 水平；但是西部区域均等化指标的均值为 7.17204 水平，明显背离于 1 的均值水平标准，表明转移支付在均衡西部区域地方政府财政支出区域内部不均等方面均等化效果不明显。

最后，考察固定人口效应情况下，转移支付均衡地方政府财政支出区域内部不均等的均等化指标 $[dTE_{Fj}^{MAX}/dAE_{Fj}^{MAX}]_{t+1}^t$ 。从数理统计结果看，固定人口效应情况下，区域内部不均等程度均等化指标 $[dTE_{Fj}^{MAX}/dAE_{Fj}^{MAX}]_{t+1}^t$ 均值为 1.258492 水平，背离于 1 的均值水平标准，说明转移支付在均衡地方政府财政支出区域内部不均等程度均等化效果不明显。在固定人口效应情况下，我们对区域之间不均等程度均等化指标 $[dTE_{Fj}^{MAX}/dAE_{Fj}^{MAX}]_{t+1}^t$ 进行区域维度分解，可分解为东部区域均等化指标 $[dTEE_{Fj}^{MAX}/dAEE_{Fj}^{MAX}]_{t+1}^t$ 、中部区域均等化指标 $[dTEM_{Fj}^{MAX}/dAEM_{Fj}^{MAX}]_{t+1}^t$ 、西部区域均等化指标 $[dTEW_{Fj}^{MAX}/dAEW_{Fj}^{MAX}]_{t+1}^t$ ，结果发现：东部区域均等化指标 $[dTEE_{Fj}^{MAX}/dAEE_{Fj}^{MAX}]_{t+1}^t$ 、中部区域均等化指标 $[dTEM_{Fj}^{MAX}/dAEM_{Fj}^{MAX}]_{t+1}^t$ 的均值较为相近，分别为 1.927998 水平和 1.002014 水平；但是西部区域均等化指标 $[dTEW_{Fj}^{MAX}/dAEW_{Fj}^{MAX}]_{t+1}^t$ 的均值为 43.14075 水平，严重背离于 1 的均值水平标准，表明固定人口效应情况下，转移支付在均衡西部区域地方政府财政支出区域内部不均等方面，均等化效果不明显。很显然，非固定人口效应、固定人口效应情况下，转移支付均衡地方政府财政支出区域内部不均等的均等化指标 $[dTE_j^{MAX}/dAE_j^{MAX}]_{t+1}^t$ 和 $[dTE_{Fj}^{MAX}/dAE_{Fj}^{MAX}]_{t+1}^t$ ，表现出高度一致的演变规律，区域内部不均等程度的动态调整，主要取决于财政能力资源配置的均等化程度，而非人口资源配置的均等化程度。

第六章

中国均等化转移支付制度体系的优化路径

第五章通过构造全国地方政府转移支付制度均等化效用衡量指标，借助转移支付前和转移支付后时间序列泰尔指数比值绝对值，衡量我国均等化转移支付制度的动态均等化效果，刻画出转移支付制度均衡政府财政能力总体不均等指标、区域之间不均等指标、区域内部不均等指标等的整体过程，从中得出的基本结论是：地方政府在接收中央财政补助后财政收入均等化水平得到实质性改善，但转移支付制度在均衡地方政府财政支出方面均等化效果不明显。可以说，现有转移支付制度更倾向于财政收入方面的均衡作用，忽略转移支付制度在均等化财政公共支出方面的作用，转移支付设计理念上有悖于财政均等化思想。事实上，均等化转移支付体制的设计，需要考虑地方政府财政收入能力与公共物品支出需求在内的双重标准。本章对本书研究得到的基础性结论进行归纳总结，以此作为基础从财政学角度，寻求适合于中国国情的均等化转移支付制度安排。在笔者看来，均等化转移支付的制度设计必须围绕这样两个基本点：一是在构建公共财政基本框架的战略背景下，如何在配置转移支付资金过程中，充分考虑地方政府的财政收入能力和公共物品支出需求在内的双重需求标准；二是考虑到建立均等化转移支付制度是一个长期的、渐进的过程，如何在转移支付资金配置操作中，考虑地方政府在公共物品支出成本制约和财政收入制约在内的双重制约标准。在研究中国转移支付制度历史变迁过程、测算现有转移支付制度实际均等化效果的基础上，中国均等化转移支付制度体系的优化路径应包括如下内容：（1）构建规范的均等化财政转移支付预算体制；（2）按潜在财政能力原则测算政府标准财政收入能力；（3）按公共物品标准测算政府标准财政支出需求；（4）设立专项的均等化转移支付基金机制均衡地方政府标准财政能力；（5）完善均等化转移支付内部结构均衡地方政府标准财政能力。

第一节　研究的基本结论

本书运用时间序列泰尔指数模型，考察自有财力与实际财力双重标准下的中国地方政府间财政能力的均等化程度，运用实施转移支付后泰尔指数与转移支付前泰尔指数比值绝对值衡量中国均等化转移支付制度的动态调整过程，构造出中国财政转移支付制度均等化效用的衡量指标，在回顾中国转移支付制度历史变迁的发展历程中，深入剖析中国均等化转移支付制度在均衡地方政府自有财政能力差异上所起到的作用，提出建立中国均等化转移支付制度所应遵循的原则，探讨现有国情下如何完善均等化转移支付制度设计的基本设想。基于以上研究，本书可以尝试给出以下结论：

1. 近年来，地方政府接收中央财政补助前的本级财政收入动态不均等程度总体上呈下降趋势，虽然东、中、西部区域之间和区域内部不均等状况有所不同，但东部区域作为动态调整过程的主导因素，在大多数情况下对整体不均等程度影响最大，中部则大于西部。这种现象的出现与各区域经济发展水平存在差异密切相关。而有的指标则出现了中、西部区域大于东部的现象，这可能与中央政府在某一方面特殊的扶持政策有关。

2. 地方政府上解中央财政支出前本级财政支出动态不均等程度整体呈阶段性上升趋势，这一阶段性特征与财政体制改革的阶段性高度吻合。在整体区域的动态调整过程中，东部区域在 2005 年作为动态调整过程的主导因素，对整体不均等程度的影响力度最大，但是这种变化趋势在 2005 年后得到扭转，演变为以依靠中部、西部区域影响为主的格局，与近年来中、西部区域地方政府本级公共服务供给不足情况有关。

3. 1996—2008 年期间，基础文化教育、公共医疗卫生、基本社会保障三项基本公共服务动态不均等水平，虽在某些年份出现短暂上升现象，但总体趋势仍表现为振荡下降趋势，并表现出明显阶段性特点：这一阶段性特征与基本公共服务改革的阶段性高度吻合；基本公共服务三个子项目动态均等化水平调整幅度有所不同，其中基础文化教育和公共医疗卫生的动态不均等下降幅度较小，在相当长的时间内基本处于稳定状态；相反，基本社会保障的动态不均等下降幅度较大，整体调整动态过程表现出剧烈波动；基本社会保障的动态不均等水平远远高于基础文化教育和公共医疗卫生。

4. 区域群组内部和区域群组之间动态不均等水平，对整体基本公共服务动态不均等影响程度有所不同。在“最大化不均等程度测量”的演算过程中，区域群组内部动态不均等水平对整体动态不均等的贡献力度最大，目前为整体动态不均等的首要影响因素；在区域维度的测量过程中，各项基本公共服务在区域群组内部、区域群组之间的动态不均等的表现各有不同，东部地区的动态不均等绝大多数情况下均低于中部和西部，主要源于区域经济发展的严重失衡。而有的指标则出现了中、西部地区高于东部的现象，这可能与中央政府在某一方面特殊的扶植政策有关。

5. 地方政府在接收中央财政补助后财政收入指标体系的动态不均等程度有所改善，整体财政收入动态不均等程度在大多数年份中有所下降，东部区域不再作为动态调整过程的主导因素，动态不均等程度逐渐转变为同时受东部、中部、西部三个区域的综合影响，区域之间不均等程度对整体不均等的影响过程表现出较为均衡的结果，证明实施转移支付后，地方政府间财政收入指标体系均等化水平得到改善。

6. 地方政府在上解中央财政支出后，财政支出动态不均等程度并未得到明显改善，整体财政收入动态不均等程度在大多数年份略有上升，整体演变过程并未表现出明显的阶段性特征，转变为同时受东部、中部、西部三个区域的综合影响，区域之间不均等程度对整体不均等的影响过程表现出逐渐发散的特征，证明实施转移支付后，地方政府间财政支出指标体系均等化水平并未得到实质性改善。

7. 从转移支付制度均等化地方政府财政收入指标体系分析，地方政府在接收中央财政补助后，财政收入均等化水平得到实质性改善，转移支付制度在均衡地方政府财政收入总体不均等上取得明显的均等化效应，但各区域之间、区域内部均等化效应有所不同：东部、中部区域均等化指标接近于 1 的均值标准，西部区域指标却明显背离于 1 的均值标准，证明转移支付制度在均衡西部区域地方政府财政收入不均等方面，均等化效果不明显。

8. 从转移支付制度均等化地方政府财政支出指标体系分析，地方政府上解中央财政后的财政支出均等化水平并未得到实质性改善，转移支付制度在均衡地方政府财政支出上均等化效果不明显，这种效应集中表现在西部区域方面，证明转移支付制度在均衡西部区域财政收入、财政支出不均等方面存在不足。

9. 通过观察动态调整指标在“非固定人口效应”“固定人口效应”调整过程的变化，发现高度一致的演变规律，表明不均等程度调整过程主要取决于财政能力资源的配置过程，而非人口资源的配置。此外，通过观察由“最均衡状态变化到最不均衡状态”，以及由“最不均衡状态变化到最均衡状态”两个阶段的演变，调整指标均值上近似相等，均方差上较为相似，表明本书所采用的测量方法整体调整过程波动幅度较小，研究框架是基于现实数据合乎逻辑的推导。

10. 新中国成立以来，中国经济社会体制经历了巨大的变化，与这种变迁相适应，财政体制也经历了曲折漫长的变迁过程。财政体制作为经济社会体制的一部分，经济社会体制的变化本身要求财政体制作出相应的调整，以适应经济社会体制的变化。可以说，财政体制为适应不同时期国家发展战略的变化而产生制度变迁，在中央政府能够观测到地方政府努力水平的前提下，通过对地方政府设计符合不同历史阶段下国家发展战略的激励约束合同，约束了地方政府间财政能力均等化的实现。

11. 从严格意义上讲，中国的转移支付制度的确立，以1993年国务院《关于实行分税制财政管理体制的决定》的颁布为标志，但是纵观新中国成立以来财政体制变迁的历程，财政分权体制前中国也存在着多种形式的转移支付形式，只是尚未形成统一规范的制度安排。更为重要的是，中国转移支付制度演变具有明显的“路径依赖”特征，制度变迁受到特定历史背景影响，转移支付制度的形成是一个长期的、渐进的历史过程。

12. 1979年之前，中国转移支付资金安排的基本社会背景是，优先发展重工业战略及计划经济体制的逐步确立和发展，财政资金安排上存在双向的转移效应，一方面中央政府通过下拨方式向地方政府转移财政资金，另一方面地方政府通过收入上解的方式向中央政府转移财政资金。在中央与地方政府间形成独特的财政资金调节机制，初步确立计划经济背景下，转移支付资金安排“自上而下”与“自下而上”财政资金双轨并行运作模式，对今后转移支付制度财政资金的运作模式产生深远影响。

13. 为调动地方政府增收节支的积极性和保证中央财政收入，中央政府1980年开始实施“分灶吃饭”的财政体制改革，而1988年则进一步实施“财政包干制”改革，在促进经济增长的同时，造成严重的地区封锁和各自为政的“诸侯经济”问题。为减少经济体制改革的阻力，中央财政开始运用转移支付资金安排调节区域之间财政能力不均衡问题，但是中央政府确定转移支付资金时初步表现出“基数法”的相关特征，客观上“鼓励”了地方支出扩大，收入减少的动机。

14. 1994年的财政体制改革，初步建立了符合中国经济发展的转移支付制度安排，形成地方财政收入稳定增长机制，但是为减少改革阻力，保持现有地方既得利益格局，在转移支付制度安排方面中央对地方实施税收返还制度，各地方政府获得的税收返还数额只是取决于向中央政府“贡献”多少税收，不取决于各辖区的人口、人均收入、地理特征以及其他影响财政能力和支出需求的因素，客观上导致了地方财政能力收入的非均衡性局面。

15. 进入21世纪以后，财政体制改革方向正逐步调整，构建中国公共财政基本框架，已经成为统领中国财政体制发展全局的战略目标，按照公共财政建设的要求，转移支付制度安排方面更加注重于均衡区域间财政能力差异过大的作用。但是，现有的转移支付结构和特征表明，目前转移支付安排中完全遵循严格均等化设计的均衡性转移支付占比较少，大部分转移支付制度安排，要么完全是按照非均等化目标的内在逻辑和规则设计的，要么其实际效果具有较大的不确定性，违背了转移支付制度设计中财政均等化原则，成为实现财政能力均等化所面临的制约条件。

第二节　均等化转移支付制度设计的国际比较

通过时间序列泰尔指数模型，考察自有财力与实际财力双重标准下的中国政府间财政能力的均等化程度，运用实施转移支付后与转移支付前泰尔指数比值绝对值，衡量中国均等化转移支付制度的动态调整效果，在系统性地回顾中国转移支付制度历史变迁的基础上，剖析中国均等化转移支付制度在均衡政府自有财政能力差异上所起到的作用，得到的基本结论是：中国均等化转移支付制度的构建，需要考虑地方政府财政收入能力与公共物品支出需求在内的双重标准，同时需要考虑地方政府提供公共物品成本支出和财政收入约束的制约，而这种制度设计理念恰好是西方财政联邦制国家所追求与倡导的。在西方财政联邦体制国家中，中央政府向地方政府配置转移支付资金的过程，通常运用了均等化政府间财政能力差异的转移支付制度进行配给，其中包括加拿大、德国、瑞士、日本、英国和澳大利亚等发达国家。不同国家在考虑均等化转移支付机制配置资金需求标准时有所侧重，而实际操作过程呈现出共性特征，如：德国政府间横向转移支付模式，考虑了包括财政收入能力和标准公共支出需求在内的双重标准；澳大利亚的转移支付模式，也考虑了包括地方政府标准财政收入能力与标准公共物品支出需求在内的双重标准；而加拿大的转移支付模式，仅仅考虑了地方政府财政收入能力的单一标准。更为关键的是，在考虑均等化转移支付体制中地方政府的公共物品支出需求的同时，还需要考虑公共物品在成本支出方面的约束，这是由于提供同等标准公共服务标准下，公共服务成本较高的地方政府往往需要规模较大资金配套，同时由于地区人口在年龄和性别结构、城市化发展程度、政府提供公共服务规模效益方面的差异，也会造成地方政府在提供公共物品方面存在成本约束；另外，均等化转移支付体制在考虑标准财政收入能力时，也加入了对政府财政能力约束方面的考察，这是由于政府财政能力取决于不同地方政府在经济发展水平、资源禀赋情况、城市化程度、税基规模大小、税源集中度等因素的制约，同时区域间产业结构层次、区域性的税收优惠政策、财政体制运行效率的差异也是制约政府财政能力的主要因素。为提出建立中国均等化转移支付制度所应遵循的原则，探讨现有国情下如何完善均等化转移支付制度设计的基本设想，有必要对西方发达国家均等化转移支付制度设计，进行较为系统的国际比较和研究分析。

一　德国均等化转移支付制度设计

德国均等化转移支付制度①始建于21世纪50年代，至今已经运行了60余年。转移支付体制作为德国财政体制重要和不可分割的组成部分，对于缩小地方政府财政能力差异、均等化居民公共服务水平、实现居民福利水平的均等化等发挥着重要的作用。德国的财政转移支付制度运作模式设计过程，考虑了地方政府财政能力和标准财政支出需求，通过两者间平衡关系的比较，实现地方政府间由富裕地区向贫困地区的横向拨款，实现地方州政府间财政能力水平均等化。制度设计的基本框架如下：

（一）地方政府的财政能力

地方政府的财政能力 = 地方政府本级税收收入 + 辖区内下级政府税收收入 ×50％。

德国均等化转移支付制度首先考察的是地方州政府财政能力，其

---

① 关于德国均等化转移支付的论述参考了张通、许宏才、张宏安《德国政府间财政转移支付制度考察报告》（《财政研究》1997年第3期）的相关内容。

中地方政府本级税收收入，包括了地方政府固定税收和共享税中属于地方政府的收入部分。在考虑地方政府由于经济发展水平、资源禀赋情况、城市化程度、税基规模大小、税源集中度方面而造成的财政能力差异，测算地方政府本级财政收入时，可考虑地方政府特殊负担相应扣除部分财政收入，如边境城市的边境建设费收入、港口城市的港口维护费收入；此外，如果财政收入扣除额与地方政府的特殊税收负担相差较大，可通过联邦财政部取得参议院相关批复后，对财政收入扣除额予以适当调整。这种做法充分考虑地方政府实际财政收入能力，有利于中央政府正确地衡量地方政府的财政能力需要。

辖区内下级政府的税收收入，按照实际税收的50%参与到地方政府财政能力的测算，主要是由于考虑到辖区内下级政府的财政收入相差较大，但是地方政府又无权干涉地方财政收入。假设将全部辖区内下级政府的财政收入全部考虑到测算中，则意味着辖区内下级政府财政收入较高的地方政府要在转移支付中多作贡献，而无疑对这样的地方政府是不公正的。因此，采用了较为折中的办法，将辖区内下级政府的税收收入，按照实际税收的50%参与到地方政府财政能力的测算。

（二）地方政府的标准财政支出需求

地方政府的标准财政支出需求=地方政府本级标准财政支出需求+辖区内下级政府标准财政支出需求。

标准财政支出需求是一个用来与地方政府的财政能力进行衡量，借以确定财力平衡状况的参数值。地方政府本级标准财政支出需求，采用全国人均的财政收入乘以各地方政府的居民人数。值得一提的是，在考虑地方政府标准财政支出需求时，需要考虑公共物品在成本支出方面的约束问题，特别是考虑到城市化程度高、人口密度大、公共事业开支较大的城市，在计算其标准财政支出需求时提高调整系数体现对于这些城市的照顾，如不来梅、汉堡、柏林等城市按照实际居民人数乘以1.35的调整系数进行调整。

（三）平衡关系衡量与地方政府间转移支付确定

通过衡量地方政府的财政能力和地方政府的标准财政支出需求的

关系，决定该地方政府在转移支付制度中是属于接收转移支付资金的一方，抑或是支付转移支付资金的一方。具体的衡量比较关系如下表6-1所示。

表6-1　　德国地方政府财政收入和支出平衡关系衡量与地方政府间转移支付规模确定

模式	财政能力/标准财政支出需求	转移支付关系	转移支付规模
1	小于92%	接收转移支付资金	接收额为92%以下差额部分+模式2
2	92%到100%之间	接收转移支付资金	接收额为92%到100%差额部分的37.5%
3	等于100%	无须接收或支付	无须接收或支付
4	100%到101%之间	支付转移支付资金	支付额为100%到101%超额部分15%
5	101%到110%之间	支付转移支付资金	支付额为101%到110%超额部分66%+模式3
6	大于110%	支付转移支付资金	支付额为超过110%超额部分80%+模式4

资料来源：张通、许宏才、张宏安：《德国政府间财政转移支付制度考察报告》，《财政研究》1997年第3期。

二　加拿大均等化转移支付制度设计

加拿大均等化转移支付制度①作为联邦政府和地方政府财政分权体制的重要组成部分，制度实行的初衷是使地方政府通过转移支付制度后，有足够的财政能力提供本辖区居民所需要的公共服务，确保无论居民居住在何地均能享用到均等化的公共服务。均等化转移支付制

① 关于加拿大均等化转移支付的论述参考了李晓茜《加拿大的均等化转移支付》（《中国财政》2002年第11期）的相关内容。

度实施所依据的公式根据《联邦－地方财政协议条例》制定，要求转移支付公式每5年更新一次，确保均等化转移支付制度的实施，能够反映地方政府最新的经济社会发展情况。制度设计的基本框架如下：

（一）财政收入能力界定

所谓的财政收入能力就是地方政府用于提供公共服务的财政收入征收能力。需要指出的是，加拿大均等化转移支付是基于财政收入能力得以实施，而财政收入能力是基于地方政府潜在财政收入标准所计算得到的数据，衡量如果地方政府采用全国平均税率征收税收所能征收到的财政收入。财政收入能力的计算步骤分为以下五步：

第一，地方政府财政收入。收集财政收入相关信息，掌握地方政府列入财政收入能力考核的33个税种征收情况，计算出地方政府财政收入。

第二，标准化税基。调整与量化地方政府的税基，对每个地方政府的每项税基进行标准化测算。

第三，全国平均税率。用全国地方政府税收收入的总和除以全国该税基的总和，得到此种税种的全国平均税率。

第四，地方政府理论财政能力。用全国平均税基和标准税基计算出地方政府各种税种的理论财政能力，累加后得到各地方政府理论财政能力的总和。

第五，地方政府人均理论财政能力。用地方政府理论财政能力总额除以辖区内总人口，得到地方政府人均理论财政能力。

（二）财政能力均等化标准设定

在测算得出地方政府人均理论财政能力后，需要设立地方政府财政能力均等化标准，以衡量地方政府财政收入能力。加拿大联邦政府，选取5个财政能力位于中等水平的地方政府人均理论财政能力作为衡量标准，将收入水平最高的地方政府和收入水平较低的地方政府排除在外，以确保数据样本计算的可代表性。

（三）均等化转移支付补助额设定

如果地方政府人均理论财政能力低于财政能力均等化标准，其低于财政能力均等化标准部分为均等化转移支付补助额，可表示为：

人均均等化转移支付补助额 = 人均财政能力均等化标准
- 人均理论财政能力

而地方政府的均等化转移支付补助总额为人均均等化转移支付补助额的累加值，可表示为以下公式：

地方政府均等化转移支付补助总额 = 人均均等化转移支付补助额
× 辖区内总人口

三　澳大利亚均等化转移支付制度设计

澳大利亚均等化转移支付制度①核心为政府财政能力均等化原则，主要在于实现全国不同地方政府间财政能力的均等化，保证地方政府具有提供平均公共服务水平的财政能力，而均等化转移支付制度实施的关键在于，使用统一的衡量标准测量不同地区政府运行效率和财政努力程度，确保接收转移支付资金的地方政府，无法通过自身政策或财政努力程度影响转移支付资金的拨款份额。制度设计的基本框架如下：

（一）建立地方政府标准财政预算

地方政府标准财政预算框架的建立，在于确定地方政府标准化的财政收入和财政支出项目的评估范围（即财政能力均等化的测算范围及评估标准），如澳大利亚联邦拨款委员会所确定的 41 项涵盖绝大多数地方政府事权范围的标准财政支出项目，以及 19 项地方政府自有财政能力的标准财政收入项目。在选择地方政府标准财政预算时，需要考虑地方政府之间的可比性因素，以及数据可获取性等因素。

（二）确定标准财政预算的全国人均标准

计算地方政府标准财政预算内每项标准财政收入、标准财政支出的全国总量，即采用地方政府某项财政收支的总和除以全国总人口，

① 关于澳大利亚均等化转移支付的论述参考了李克平《澳大利亚财政转移支付制度》（《经济社会体制比较》1996 年第 3 期）的相关内容。

得出该项财政收支的全国人均财政标准。

（三）确定影响标准财政预算的因素

均等化的转移支付制度设计，需要考虑地方政府提供公共物品成本支出和财政收入约束的影响因素，这是由于不同地方政府在城市化发展程度、政府提供公共服务规模效益方面的差异而导致的公共服务成本差异，以及不同地方政府在经济发展水平、资源禀赋情况、城市化程度、税基规模大小、税源集中度不同而导致的财政能力差异所引致的。确定影响标准财政预算的因素后，需要通过影响因素修正地方政府标准财政支出需求和标准财政收入能力。

（四）地方政府标准财政支出和标准财政收入计算

标准财政支出主要是指，地方政府在保持全国平均财政运行效率下，提供标准化公共服务所需要的财政支出水平，可表示为：

地方政府标准财政支出 = 全国平均财政支出标准
× 财政支出成本差异修正系数

而全国地方政府标准财政支出可由地方政府标准财政支出累加计算所得。

标准财政收入主要是指，地方政府在保持全国平均财政运行效率下，按照全国平均税率征收自有财源所得到的财政收入水平，可表示为：

地方政府标准财政收入 = 全国该项财政收入的平均税基
× 该项财政收入的标准化税率

而全国地方政府标准财政收入可由地方政府标准财政收入累加计算所得。

（五）地方政府转移支付资金需求

在地方政府标准财政预算下，通过上述公式的计算，得出地方政府的标准财政支出和标准财政收入，考察标准财政支出和实际财政支出的差额，以及标准财政收入和实际财政收入的差额，测算出地方政府均等化转移支付资金需求。

第三节　均等化转移支付制度体系的优化路径

上述国家均等化转移支付制度的实际操作过程各有不同，但是有一共性是：都强调地方政府标准财政收入能力与标准公共物品支出需求在内的双重标准，同时考虑了地方政府在提供公共物品成本支出方面的约束，以及政府财政能力约束方面的考察。基于上述转移支付制度的国际比较，结合中国现有的实际国情，均等化转移支付的制度设计必须围绕这样两个基本点：一是在构建公共财政基本框架的战略背景下，如何在配置转移支付资金过程中，考虑包括地方政府财政收入能力和公共物品支出需求在内的双重需求标准；二是考虑到建立均等化转移支付制度是一个长期的、渐进的过程，如何在转移支付资金配置操作中，考虑包括地方政府在公共物品支出成本制约和财政收入制约在内的双重制约标准。由此可见，构建当前我国均等化转移支付制度必须围绕上述基本框架进行。在研究中国转移支付制度历史变迁过程、测算现有转移支付制度实际均等化效果的基础上，中国均等化转移支付制度体系的优化路径应包括如下内容：

一　构建规范的均等化财政转移支付预算体制

构建公共财政战略框架的进程中，均等化转移支付制度的运行是一项系统性工程，其规范化程度及实施效果牵制于均等化财政转移支付预算体制，这是由于：一方面，具有财政均等化功能的转移支付制度，衡量政府财政收支状况是通过测算“标准财政收入”和“标准公共支出”得以实现，这种机制运行隐含地假设了政府财政收支行为的规范性和合理性。在中国特有财政体制背景下，政府财政收入和支出规范化程度较低，带有很大的随意性，在客观因素基础上测算的“标准财政收入”和“标准公共支出”必然与实际收支情况相差甚远，均等化转移支付制度也会因此失去发挥作用的基础。另一方面，在我国政府收入中，除了包括预算内税收收入形式外，预算外收入与制度外收入也是我国财力的重要组成部分。在这些收入没有纳入政府预算的情况下，测算“标准财政收入”除了测算以税基为基础的规范化程度较高的税收收入外，其他形式的政府财力由于本身的不透明性和不彻底性而无法对其进行准确测算，直接制约了均等化财政转移支付制度规范化目标的实现（张伦伦，2006）。鉴于此，构建规范的均等化财政转移支付预算体制，必须明确用法律形式确立均等化财政转移支付预算体制，确立应该纳入均等化财政转移支付制度预算的财政收入与支出种类，科学测算包括“标准财政收入”和“标准公共支出”在内的双重需求标准，有利于减少地方政府行为和财政政策的干扰，确保均等化财政转移支付制度的正常运行。

构建规范的均等化财政转移支付预算体制，首先需要明确均等化财政收入预算与财政支出预算各自的指标体系。根据《中国财政年鉴》各省市财政一般预算收支决算总表所设定的统计口径，再考虑到实际测算的需要，规范的均等化财政收支预算应涵盖如下内容：（1）财政收入预算体系包括税收收入预算体系和非税收入预算体系，其中，税收收入预算体系包括了增值税收入预算体系、营业税收入预算体系、企业所得税收入预算体系、个人所得税收入预算体系、资源税收入预算体系、城市维护建设税收入预算体系、房产税收入预算体系、印花税收入预算体系、城镇土地使用税收入预算体系、土地增值税收入预算体系、契税收入预算体系、其他税收收入预算体系12项税收收入预算体系，非税收入预算体系包括了专项收入预算体系、行政事业性收费收入预算体系、罚没收入预算体系、国有资本经营收入预算体系、国有资源有偿使用收入预算体系、其他财政收入预算体系6项非税收入预算体系；（2）财政支出预算体系，包括一般公共服务支出预算体系、公共安全支出预算体系、教育文化支出预算体系、医疗卫生支出预算体系、社会保障和就业支出预算体系、交通运输支出预算体系、环境保护支出预算体系、城乡社区事务支出预算体系、科学技术支出预算体系、农林水事务支出预算体系、工业商业金融等事务支出预算体系、其他财政支出预算体系12项财政支出预算体系。应该说明的是，本书设定的指标体系并不能涵盖财政能力的方方面面，而且这个指标体系没有把公共财政收入与支出的质量因素考虑进来，但这并不会妨碍对地方政府“标准财政收入”和“标准公共支出”水平的整体认识。在确立了“标准财政收入”和“标准公共支出”后，还要在均等化财政转移支付预算体制中确立各项相对应的收入。根据均等化预算体制的需求，需要确定各项预算体系所对应的数据，包括各项税收收入、非税收入、财政支出、人口等数据。各项财政收入、税收收入、财政支出可引用各年度《中国财政年鉴》《中国税务年鉴》中所对应的数据；人口数据①可引用各年度《中国人口统计年鉴》《中国人口与就业统计年鉴》所公布的全国31个省、自治区和直辖市户籍人口。

二　按潜在财政能力原则测算政府标准财政收入能力

财政分权体制国家均等化转移支付的制度设计，在考虑地方政府财政收入能力标准倾向于使用潜在财政能力标准，这是由于：其一，潜在财政收入考虑的是一个地区的财力可以有多大，侧重于在给定经济发展水平上的地方政府财政能力水平，这种财政能力的差异直接与各地区税基有关（王丽娟，2008）；其二，如果完全根据地方政府实际财政能力高低确定转移支付规模，实际征税努力程度较低的地方政府能够从上级政府获得更多的转移支付资金，违背了财政分权体制过程中财政均等化基本理念；其三，按照地方政府实际财政能力高低确定转移支付规模，地方政府可能会削弱税收努力的激励，转而更加依赖上级政府的转移支付来实现公共服务供给，造成地方政府的逆向财政激励问题。很显然，构建中国均等化的转移支付制度，必须建立在以潜在财政能力衡量标准财政收入能力的基础上。潜在财政能力的估算问题是研究潜在财政能力的一个重要方面。均等化转移支付制度需要按照潜在财政能力衡量地方政府标准财政收入能力，制度设计过程可参照现行“公共财政体制”转移支付制度，并在参考西方财政分权制国家经验的基础上进行。按照规范的均等化财政转移支付预算体

① 人口数据采用户籍人口标准，选择依据与前文中“测量动态财政能力均等化水平人口统计标准”一致。

制确定的标准，地方政府的标准财政收入能力可划分为地方政府标准税收收入能力和地方政府标准非税收入能力①，基本框架设计如图6－1所示。

（一）地方政府标准税收收入能力

按照现有的主体税种进行划分，地方政府标准税收收入能力可划分为12项税收收入能力，包括增值税收入能力、营业税收入能力、企业所得税收入能力、个人所得税收入能力、资源税收入能力、城市维护建设税收入能力、房产税收入能力、印花税收入能力、城镇土地使用税收入能力、土地增值税收入能力、契税收入能力、其他税收收入能力等税收收入能力，其计算过程如下所示：

首先，需要计算地方政府某项税收的代表性税率，可用全国该项税收收入总和除以该项税收税基得出该项税收的代表性税率，计算公式为：

地方政府某项税收的代表性税率＝全国该项税收收入总和/全国该项税收税基

其次，用代表性税率乘以地方政府各项税收收入的税基，得出地方政府在该项税收收入下的潜在税收收入，即假定了地方政府采用代表性制度作为税收增长规律下的收入能力，计算公式为：

地方政府某项税收潜在税收收入＝地方政府该项税收税基×该项税收的代表性税率

再次，将每一地区各项税收的潜在税收收入相加得到地方政府的标准税收收入能力，计算公式为：

地方政府潜在税收收入能力＝∑地方政府各项税收潜在税收收入

（二）地方政府标准非税收入能力

根据地方政府一般财政预算收支的划分标准，可以将地方政府标准非税收入能力划分为专项收入能力、行政事业性收费收入能力、罚没收入能力、国有资本经营收入能力、国有资源有偿使用收入能力、

① 计算地方政府标准税收收入需求和地方政府标准非税收入需求时，借鉴了Yesim Yilmaz（2002）的代表性收入方法（Representative Revenue System）。

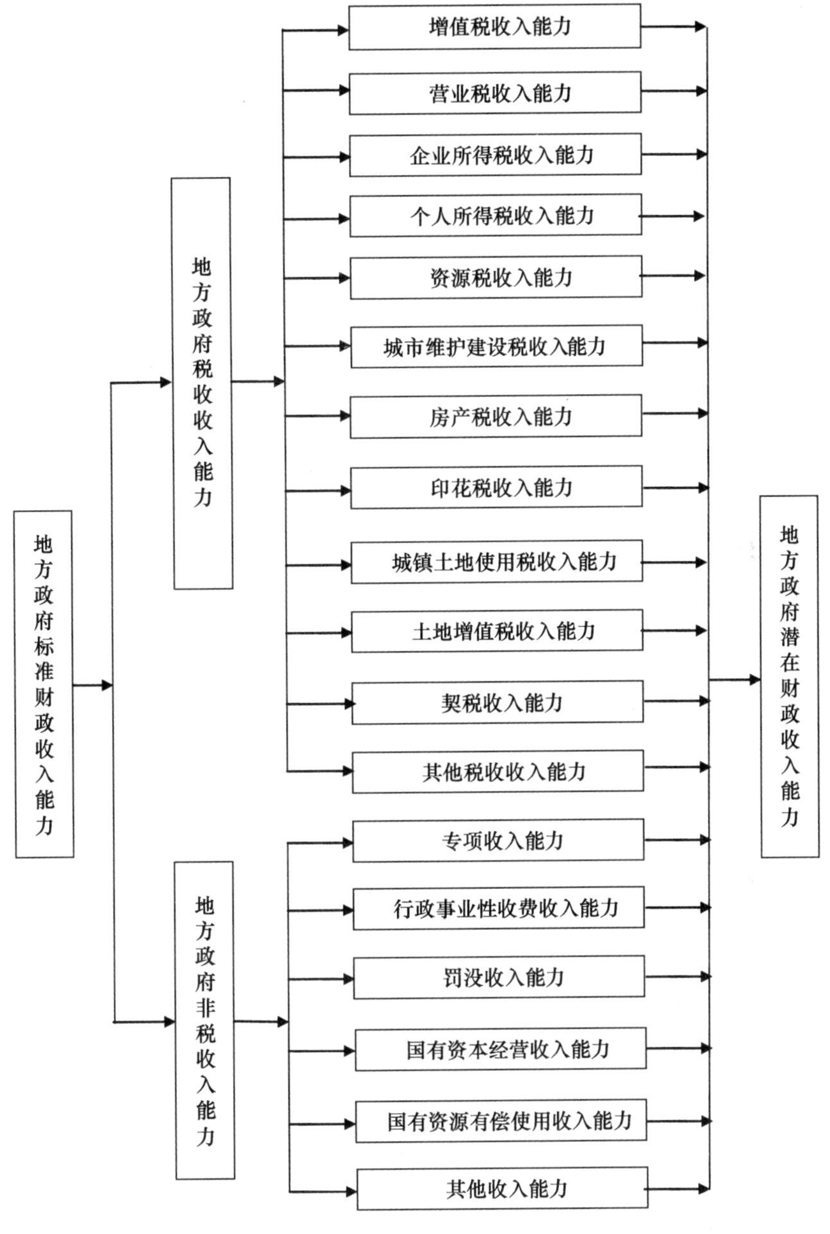

图 6－1　地方政府标准财政收入能力测算①

① 图 6－1 是作者对地方政府标准财政收入能力研究思路的直观描述，通过图示概括，故没有资料来源。

其他收入能力等财政收入能力。地方政府标准税收收入能力的计算过程如下所示：

首先，需要计算地方政府某项非税收入的代表性收入率，可用全国该项非税收入的总和除以该项非税收入基础得出代表性收入率，计算公式为：

地方政府某项非税收入代表性收入率 = 全国该项非税收入总和/全国该项非税收入基础

其次，用代表性收入率乘以地方政府各项非税收入基础，得出地方政府该项非税收入的潜在财政收入，即假定了地方政府采用代表性制度作为非税收入增长规律下的收入能力，计算公式为：

地方政府某项非税收入的潜在财政收入 = 地方政府该项非税收入基础 × 该项非税收入的代表性收入率

再次，将每一地区各项非税收入的潜在财政收入相加得到地方政府的标准非税收入能力，计算公式为：

地方政府潜在非税收入能力 = ∑地方政府各项非税收入的潜在财政收入

三　按公共物品标准测算政府标准财政支出需求

均等化财政转移支付制度是基于财政均等（Fiscal Equalization）的基本理念，即通过均衡地方政府间财政能力的转移支付机制，确保无论居民位居何处均能享用到均等化的公共服务，如：澳大利亚的财政均等化转移支付体系，确保了地方政府在发挥相同税收努力、政府运行效率相似的前提下，实施均等化转移支付制度后拥有相同财政能力提供标准化的公共服务；加拿大财政均等化转移支付体系，确保了地方政府在发挥全国平均水平的税收努力前提下，能够提供与全国平均水平持平的公共服务，无论地方政府的财政能力是否低于全国平均水平。均等化转移支付机制中央政府向地方政府配置转移支付资金的过程，基于居民承担同等税收负担、拥有相同偏好及收入、享用地方政府提供均等化公共服务的理论假设。换言之，均衡地方政府间财政能力联邦财政体制，能够按照地方政府居民偏好组合地方政府不同类型的财政收入与地方公共物品供给，以求达到经济资源的最优配置。可以说，确保均等化财政转移支付制度的正常运行，必须建立在按公共物品标准测算政府标准财政支出需求的基础上。实现财政转移支付制度的均等化作用，理论界和实践部门首先要解决的一个问题是如何界定公共物品的范畴。在中共十六届六中全会的报告中，把就业再就业服务、教育、社会保障、卫生、生态环境、文化、社会治安和公共基础设施等列为公共服务的范畴。对此，理论界有不同的认识。马国贤认为，公共服务是建立在一定社会共识基础上，为维持本国经济社会的稳定、基本社会正义和凝聚力，保护个人基本生存权和发展权，所必须提供的公共服务，其大致范畴应被界定在基础教育、公共卫生、基本社会保障和公共就业服务等。① 张启春认为，在实际操作过程中，公共服务的范围应该与公共财政支出的范围吻合，现阶段纳入基本公共服务均等化内容体系的主要包括行政管理服务、基础教育服务、公共卫生与基础医疗服务、公共文化服务、基础科研服务、就业与社会保障服务、公益性基础设施服务、生态环境保护服务 8 大类的公共服务②。

应该要看到，当前需要对区域之间不均等扩大的趋势给予足够的重视。这一时期公共服务水平在区域之间的差距不断扩大，主要是来源于“沿海地区先发展，内陆地区后发展”国家发展战略的实施，背后深层次的原因主要在于政府偏好的变化。进入 21 世纪以后，国家发展战略在逐渐地进行调整，当前科学发展观已经成为统领中国经济社会发展全局的国家发展战略，而统筹区域之间均衡发展正是其中一项主要内容。因此，必须继续增加对经济落后地区的财政投入力度，增加对落后地区的基本公共服务供给，更多地向经济落后的中西部地区倾斜，以缩小基本公共服务区域之间的不平等。此外，基本公共服务非均等供给的局面并未得到明显的改善，主要的原因在于中国

① 马国贤：《基本公共服务均等化的财政政策研究》，《财政研究》2007 年第 10 期。

② 张启春：《区域公共服务均等化与政府间转移支付》，《华中师范大学学报》（人文社会科学版）2009 年第 1 期。

财政分权体制中财政激励机制设计上的“缺位”现象。中央政府的政策目标主要在于促进和维持一种高速发展的经济增长，因此，中央政绩的考核标准长期偏向地方经济的发展，并通过以经济增长为核心的政绩考核和晋升激励，掌控地方政府官员的升迁以及任免权（吕炜、王伟同，2010）。因此，必须从根源上纠正中央政府对地方政府的政绩考核标准，即不再单纯地强调 GDP 的增长，逐渐考虑加入基本公共服务均等化的相关内容，逐步扩大基本公共服务均等化的政绩考核比例，以此为出发点，重新构建中央政府与地方政府之间的财政激励机制。

综合上述因素，考虑到中国的现时的经济社会发展阶段，本书认为当前我国政府公共服务的界定范围应该涵盖公共财政支出范围，以符合测算“标准公共支出”的实际需求。鉴于此，对政府标准财政支出需求的考察，将把目标锁定在政府公共财政的支出范围，基本框架设计如图 6－2 所示。

按照现有的公共财政支出标准进行划分，地方政府标准公共支出需求可划分为 12 项公共支出需求，包括一般公共服务支出需求、公共安全支出需求、教育文化支出需求、医疗卫生支出需求、社会保障和就业支出需求、交通运输支出需求、环境保护支出需求、城乡社区事务支出需求、科学技术支出需求、农林水事务支出需求、工业商业金融等事务支出需求、其他财政支出需求，其计算过程如下所示[①]：

首先，估算影响各项财政支出需求的因素，并将其称为工作量因素[②]。

针对每一项财政支出而言，采用全国财政支出水平乘以各地方政府的工作量因素，以此估算各地方政府提供工作量因素公共服务应该承担的支出成本。值得一提的是，因为各地方政府在成本和生产要素等方面存在的一定程度的差别，所以相应的公共服务成本也存在

① 计算地方政府标准公共支出需求时，借鉴 Yesim Yilmaz（2002）的代表性支出方法（Representative Expenditure System）。

② 这些因素有助于重新分配全国总支出在给定的支出函数形式下各地方政府的分配比例。

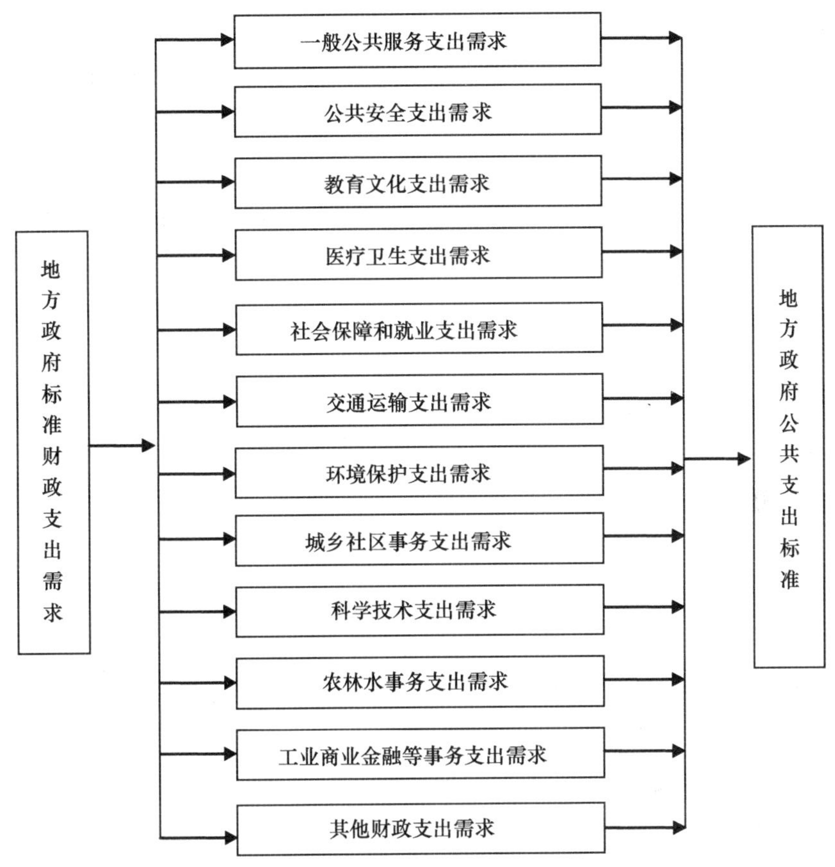

图6－2　地方政府标准财政支出需求

差异。

鉴于此，本书采用各地方政府劳动力成本调整所提供的此项公共物品投入价格以解决此类问题。

针对每一项财政支出而言，需要明确各项财政支出的工作量因素，具体包括诸如人口统计、地理特征和社会经济等不直接制约于地方政府行为影响的诸多因素。

由于测量过程集中于地方政府的财政需求，所以可以采用各地方政府的工作量因素除以全国该项工作量因素的数值表示，公式为：

地方政府某项财政支出的相对需求 = 地方政府该项财政支出工作量因素/全国该项财政支出的工作量因素

对于每个地区的财政支出函数，等于每个地区的工作量因素乘以全国总的财政支出额表示，计算公式为：

地方政府某项财政支出需求 = 全国该项财政支出总支出额 × 地方政府该项财政支出的工作量因素

其次，用地方政府提供公共服务成本调整地方政府该项财政支出需求。

再次，对于各个地方政府而言，将每一地区该项财政支出的人均支出需求相加得到地方政府该项财政支出的支出需求，计算公式为：

地方政府某项财政支出需求 = ∑地方政府该项财政支出的人均支出需求

四　设立专项的均等化转移支付基金机制，均衡地方政府标准财政能力

事实上，中央政府和地方政府之间客观上存在委托—代理关系①，即中央政府是委托人，地方政府是代理人。作为政府激励约束机制的有效手段之一，中央政府可设立专项的均等化转移支付基金，促使地方政府代表中央政府意愿贡献出最优的努力水平，均衡地方政府标准财政收入差距，实现政府财政能力均等化目标，最大限度减少对资源配置的扭曲效应。由于转移支付体系有利于促使地方政府按照中央政府建立的标准来提供公共服务，地方政府会更依赖于中央政府的转移支付体系而获取本级财政收入②（谷成，2009）。鉴于此，设立合理

① 冯海波：《委托－代理关系视角下的农村公共物品供给》，《财经科学》2005 年第 3 期。

② 在中国自上而下的财政分权体系中，地方政府在很大程度上发挥着中央政府代理人的作用。作为许多公共服务的提供者，地方政府并不具有关键的决策权。尽管中央政府将许多活动的管理权授予下级政府，却很少下放决策权和对收入的控制。在中国当前的政府间税收分配模式中，地方拥有的税收自主权较低。对于中央与地方的共享税收收入，所有的税权都归中央，地方只能按固定比例从共享税收收入中获得一定的份额，分享比例由中央确定；即使完全划归地方的税种，其立法权、税基确定权和税率选择权也归中央所有，地方只保留对收入的征管权。在税权高度集中、支出责任高度分散的情况下，地方政府缺乏必要的税收收入为公共服务提供所需的资金，从而转移支付不可避免地被用于弥补纵向财政缺口，成为中央政府实现纵向控制的重要手段（谷成，2009）。

规范的均等化转移支付基金机制，合理调配地方政府间标准财政收入差异，促使地方政府代表中央政府意愿贡献出最优的努力水平，应该成为中国政府间均等化转移支付改革的主要方向，具体思路为：（1）专项均等化转移支付基金主要由经济发达地区的地方财政提供，用于向经济落后地区提供均等化的转移支付需要，满足落后地区当地政府提供标准化公共支出的需要，确保居民均能享用到均等化的公共服务，实现财政均等化思想的基本理念。（2）中央政府统一向经济落后地区调配专项转移支付基金，按照地方政府的财政努力程度分配基金数额，即财政努力程度较强的地方政府获得较多的基金，财政努力较小的地方政府获得较少的转移支付资金。（3）确立以公式法为转移支付基金主要的衡量体系，为经济落后地区地方财政提供稳定性和可预见性的财政分配机制。（4）通过法律形式确立专项均等化转移支付基金机制，设置均等化转移支付基金拨备使用的审批制度，完善均等化转移支付基金的使用监管，成立专门机构审计均等化转移支付基金的使用（冯海波、陈旭佳，2011）。作出这种制度安排的主要原因是：自改革开放以来，中国发展的重心就是加快经济增长并迅速增强国家实力，重新确立了“以经济建设为中心”的国家发展战略。新的国家发展战略对 GDP 快速增长的偏好，使得政府将相当规模的财政资金投入经济建设领域。此时的中央政府对地方政府具有自上而下的政治体制约束，通过对地方政府的政绩考核与晋升激励，极大地鼓励地方政府发展本地经济。在信息不对称和中央政府监管缺失的情况下，地方政府必然会充分利用手中可以掌握的经济资源大力发展经济，将更多的精力投入能够促进地区经济发展的公共投资领域，实现本辖区经济的快速稳定增长。由于各地区资源禀赋和国家政策支持力度的不同，导致了不同类型的地区经济发展差距越来越大，客观上形成了东部、中部和西部三个经济区域，固化了政府区域财政能力非均衡发展的格局。在地方政府财力差距较大的情况下，经济落后地区若仅仅依靠自有财力提供公共物品，根本无法满足地区居民的公共财政支出需求。很显然，作为政府激励约束机制的有效手段之一，中央政府可设立专项的均等化转移支付基金，合理调配地方政府间标准财政收入差异，促使地方政府代表中央政府意愿贡献出最优的努力水平，实现地方政府财政能力的均等化。

五　完善均等化转移支付内部结构，均衡地方政府标准财政能力

1994 年的财政分权体制改革，初步建立了国家财政收入稳定增长的机制，规范了中央与地方经济收入的来源和征管，确立以分税制为核心的中央与地方利益关系的形成，取代上下级政府间财政包干式，或讨价还价在转移支付制度安排方面中央对地方实施税收返还制度，财政分权体制改革体现出非彻底性特征，带有较为明显的过渡性特点，在很大程度上保护了地方既得利益，在转移支付制度安排方面中央对地方实施税收返还制度①。可以预见的是，这种规则意味着地方政府经济发展程度越高，所掌握的经济资源越多，获得的转移资金规模就越大，扩大地方政府标准财政收入差距，明显违背财政均等化的基本理念。鉴于此，作为中国政府间均等化转移支付的努力方向，在今后的一段时期内，要逐步压缩税收返还在整体转移支付中所占比重，甚至在均等化转移支付体制中取消税收返还项目，取而代之的是，中央和省级财政要增加一般性转移支付在全部转移支付中所占份额。一般性转移支付（原财力性转移支付）是指为均衡地方财政能力差距，弥补财政能力薄弱区域的财力缺口，实现区域间基本公共服务能力的均衡化，由上级政府安排给下级政府的补助性支出制度安排。一般性转移支付制度由原财力性转移支付制度演变而来，主要补助项目包括农村税费改革转移支付、取消农业税转移支付、补助项目包括均衡性转移支付、县乡政府机构改革转移支付、民族地区转移支付、原体制补助、调整工资转移支付、结算补助及其他补助。一个不可置疑的客观事实是，从转移支付的运作机制上考虑，真正具有均等化意义的转移支付制度，仅限于均衡性转移支付项目，基本思路是，

---

① 在这种制度设计背景下，中央对地方的税收返还是按来源地规则设计的，各地方政府获得的税收返还数额只是取决于向中央政府“贡献”多少税收，不取决于各辖区的人口、人均收入、地理特征以及其他影响财政能力（标准收入）和支出需求（标准支出）的因素。

上级政府根据依法核定的下级政府标准财政需要额与财政支出额的差量，以及各地区间在人口、资源、贫富等方面存在的差别因素，以各地标准财政收支的差额作为分配依据，对财力薄弱地区实施均衡性转移支付，作为政府间财政关系的重要组成部分，目的是缩小地方政府财政标准财政收入差距，实现地区间基本公共服务能力均等化。值得注意的是，现行均衡性转移支付制度占全部转移支付的比重较小，近年内均低于 14% 水平（2009 年占比为 13.25%，2010 年也仅为 13.19%），均衡地方财政能力差异的作用相对较弱，未能在整体均等化的转移支付制度安排中起主导作用。因此，中央和省级财政要增加一般性转移支付项目，特别是均衡性转移支付项目在全部转移支付中的份额，增强财政转移支付的均等化功能。

要逐渐完善我国的转移支付制度，从根源上缩小区域之间财政能力差异，实现基本公共服务的均等问题，完善转移支付的内部结构。中央和省级财政要增加一般性转移支付在全部转移支付中的份额，逐步减少税收返还的比重，增强财政转移支付的均等化功能。完善激励型财政转移支付制度，结合基本公共服务均等化的政绩考核机制，对各级政府基本公共服务实施结果进行考核，目标责任完成越好获得的转移支付越多，实现纵向的基本公共服务均等化转移支付制度。完善专项转移支付制度，可以考虑在中央和省级财政设立专项转移支付基金，基金的来源应主要由经济发达区域的地方财政提供，基金应被用于向基本公共服务均等化程度较差的落后区域提供，以满足落后区域当地政府提供基本公共服务的需要，实现横向的基本公共服务均等化转移支付制度。同时，设立转移支付基金拨备使用的审批制度，完善转移支付基金使用的审计，确保转移支付基金在财政均等化效应。此外，传统的财政分权理论认为，现行条块化的政府行政管理制度是制约基本公共服务均等化的首要客观原因之一（吕炜、王伟同，2008）。以户籍制度为代表的政府行政管理制度，约束了人力资源在各区域间的自由流动，辖区内部居民的偏好不能得以充分显示，从根本上制约了区域基本公共服务的最优配置。但是，本书动态调整指标在非固定人口效应、固定人口效应调整过程的拟合程度表明，动态不均等调整并非来源区域之间人口资源的配置，而是来源区域之间财政支出资源的配置。虽然随着中国民主政治的进一步的发展，必将逐步地减缓和消除中国户籍制度的不利之处，但真正改变这种体制约束需要漫长的等待，因此，当公共供给与公共需求之间的矛盾凸显的时候，把改革的重点放在财政激励机制和政府偏好的设计上似乎是更好的选择（吕炜、赵佳佳，2009）。

参考文献

1.《中共中央关于制定国民经济和社会发展第十一个五年规划的建议辅导读本》编写组：《中共中央关于制定国民经济和社会发展第十一个五年规划的建议辅导读本》，人民出版社 2005 年版。

2. 陈昌盛、蔡跃洲：《中国政府公共服务：体制变迁与综合评价》，中国社会出版社 2007 年版。

3. 高培勇：《让财政均等化融入城乡协调发展》，《光明日报》2006 年 1 月 24 日第 10 版。

4. 中国（海南）改革发展研究院：《基本公共服务与中国人类发展》，中国经济出版社 2008 年版。

5. 中国（海南）改革发展研究院：《基本公共服务体制变迁与制度创新——惠及 13 亿人的基本公共服务》，《财贸经济》2009 年第 2 期。

6. 中国（海南）改革发展研究院：《加快推进基本公共服务均等化（12 条建议）》，《经济研究参考》2008 年第 3 期。

7. 安体富、任强：《中国公共服务均等化水平指标体系的构建——基于地区差别的量化分析》，《财贸经济》2008 年第 6 期。

8. 安体富、任强：《公共服务均等化：理论、问题与对策》，《财贸经济》2007 年第 8 期。

9. 安体富：《完善公共财政制度，逐步实现公共服务均等化》，《东北师大学报》2007 年第 3 期。

10. 安体富：《中国转移支付制度：现状、问题、改革建议》，《财政研究》2007 年第 1 期。

11. 迟福林：《推进基本公共服务均等化：中国财政经济理论前沿》，中国社会科学出版社 2008 年版。
12. 迟福林：《改革发展新时期的基本公共服务：民生之路——惠及 13 亿人的基本公共服务》中国经济出版社 2008 年版。
13. 吕炜、王伟同：《发展失衡、公共服务与政府责任》，《中国社会科学》2008 年第 4 期。
14. 吕炜、王伟同：《我国基本公共服务提供均等化问题研究——基于公共需求与政府能力视角的分析》，《财政研究》2008 年第 5 期。
15. 吕炜、赵佳佳：《财政分权对基本公共服务供给的体制性约束研究》，《财政研究》2009 年第 10 期。
16. 王伟同：《城市化进程与城乡基本公共服务均等化》，《财贸经济》2009 年第 2 期。
17. 贾康：《推动我国主体功能区协调发展的财税政策》，《经济学动态》2009 年第 7 期。
18. 贾康：《公共服务的均等化应积极推进，但不能急于求成》，《审计与理财》2007 年第 8 期。
19. 贾康、孙洁：《农村公共产品与服务提供机制的研究》，《管理世界》2006 年第 12 期。
20. 马国贤：《基本公共服务均等化的公共财政政策研究》，《财政研究》2007 年第 10 期。
21. 马国贤：《论基本公共服务均等化与预算政策：中国财政经济理论前沿》，社会科学文献出版社 2008 年版。
22. 郭庆旺、贾俊雪：《中央财政转移支付与地方公共服务提供》，《世界经济》2008 年第 9 期。
23. 乔宝云等：《政府间转移支付与地方财政努力》，《管理世界》2006 年第 3 期。
24. 乔宝云等：《中国的财政分权与小学义务教育》，《中国社会科学》2005 年第 6 期。
25. 王雍君：《中国的财政均等化与转移支付体制改革》，《中央财经大学学报》2006 年第 9 期。
26. 张雷宝：《公共基础设施服务均等化的理论辨析与实证考察》，《财贸经济》2009 年第 2 期。
27. 中国财政学会课题组：《公共服务均等化问题研究》，《经济研究参考》2007 年第 58 期。
28. 王国华、温来成：《基本公共服务标准化：政府统筹城乡发展的一种可行性选择》，《财贸经济》2008 年第 3 期。
29. 朱柏铭：《从性价比角度看“基本公共服务均等化”》，《财贸经济》2008 年第 10 期。
30. 孙开：《财政转移支付手段整合与分配方式优化研究》，《财贸经济》2009 年第 7 期。
31. 汤学兵：《论中国区际基本公共服务均等化的路径选择和保障机制》，《财贸经济》2009 年第 7 期。
32. 尹恒等：《政府间转移支付的财力均等化效应》，《管理世界》2007 年第 1 期。
33. 王晓洁：《中国公共卫生支出均等化水平的实证分析——基于地区差别的量化分析》，《财贸经济》2009 年第 2 期。
34. 曹俊文、罗良清：《转移支付的财政均等化效果实证分析》，《统计研究》2006 年第 1 期。
35. 谷成：《完善中国政府间转移支付的路径选择》，《经济学家》2009 年第 6 期。
36. 江新昶：《转移支付、地区发展差距与经济增长——基于面板数据的实证检验》，《财贸经济》2007 年第 6 期。
37. 李华：《城乡公共品供给均等化与转移支付制度的完善》，《财政研究》2005 年第 11 期。
38. 中国财政学会课题组：《公共服务均等化问题研究》，《经济研究参考》2007 年第 58 期。
39. 刘尚希：《逐步实现基本公共服务均等化的路径选择》，《中国财政》2007 年第 3 期。
40. 贝利：《地方政府经济学：理论与实践》，北京大学出版社 2005

年版。
41. 邓国胜、肖明超：《群众评议政府绩效：理论、方法与实践》，北京大学出版社 2006 年版。
42. 萨拉·科诺里、阿里斯泰尔·曼洛：《公共部门经济学》，中国财政经济出版社 2003 年版。
43. 李军鹏：《公共服务型政府》，北京大学出版社 2004 年版。
44. 楼继伟：《完善转移支付制度，推进基本公共服务均等化》，《中国财政》2006 年第 3 期。
45. 宋洪远：《中国乡村财政与公共管理研究》，中国财政经济出版社 2004 年版。
46. 世界银行：《2009 年世界发展报告——重塑世界经济地理》，清华大学出版社 2009 年版。
47. 王一鸣：《中国区域经济政策研究中国区域经济政策研究》，中国计划出版社 1998 年版。
48. 胡德仁、武根启：《公平与效率：财政转移支付的政策取向》，《中国财政》2007 年第 7 期。
49. 吕炜、赵佳佳：《我国财政分权对基本公共服务供给的体制性约束研究》，《财政研究》2009 年第 10 期。
50. 李静毅：《基本公共服务均等化理论依据及其在我国的实现途径》，《财政研究》2009 年第 1 期。
51. 甘肃省财政科学研究所课题组：《推进基本公共服务均等化的财政政策研究》，《财政研究》2008 年第 9 期。
52. 李建平等：《中国省城经济综合竞争力发展报告（2005—2006）》，社会科学文献出版社 2007 年版。
53. 袁卫、彭非：《中国经济发展报告》，中国人民大学出版社 2007 年版。
54. 黄小平、方齐云：《中国财政对医疗卫生支持的区域差异》，《财政研究》2008 年第 4 期。
55. 财政部国库司、预算司：《全国地市县财政统计资料》，中国财政经济出版社 1997—2009 年版。

56. 曹俊文、罗良清：《转移支付的财政均等化效果实证分析》，《统计研究》，2006 年。
57. 冯秀华、郑永福：《规范化财政转移支付制度的分析与设计》，《中国财政》1999 年第 9 期。
58. 国家统计局：《中国县（市）社会经济统计摘要》，中国统计出版社 1997—2009 年版。
59. 国家统计局城市社会经济调查总队编：《中国城市统计年鉴》，中国统计出版社 1997—2009 年版。
60. 李文星：《关于地方政府财政能力的几个基本理论问题》，《南亚研究季刊》2000 年第 4 期。
61. 李文星、蒋瑛：《地方政府财政能力的理论构建》，《南开经济研究》2002 年第 2 期。
62. 刘黎明：《财政转移支付的博弈分析》，中国财政经济出版社 2000 年版。
63. 刘溶沧、焦国华：《地区间财政能力差异与转移支付制度创新》，《财贸经济》2002 年第 6 期。
64. 马骏：《中央向地方的财政转移支付——一个均等化公式和模拟结果》，《经济研究》1997 年第 3 期。
65. 吴湘玲、邓晓婴：《我国地方政府财政能力的地区非均衡性分析》，《统计与决策》2006 年第 8 期。
66. 辛波：《政府间财政能力配置问题研究》，中国经济出版社 2005 年版。
67. 杨之刚：《财政分权理论与基层公共财政改革》，经济科学出版社 2006 年版。
68. 张伦伦：《我国地区间财政努力度差异研究》，《财经问题研究》2006 年第 5 期。
69. 曾军平：《政府间转移支付制度的财政平衡效应研究》，《经济研究》2000 年第 6 期。
70. 朱玲：《转移支付的效率与水平》，《管理世界》1997 年第 3 期。
71. 张恒龙、陈宪：《政府间转移支付对地方财政努力与财政均等的影响》，《经济科学》2007 年第 1 期。
72. 尹恒、朱虹：《中国县级地区财力缺口与转移支付的均等性》，《管理世界》2009 年第 4 期。
73. 尹恒等：《中国县级政府间财力差距：1993—2003 年》，《统计研究》2007 年第 11 期。
74. 刘亮：《中国地区间财力差异的度量及分解》，《经济体制改革》2006 年第 2 期。
75. 倪红日、洪婷：《我国财力性转移支付制度的实施与完善》，《改革》2005 年第 12 期。
76. 葛乃旭：《重建我国政府间转移支付制度的构想》，《财贸经济》2005 年第 1 期。
77. 黄解宇、常云昆：《对西部地区转移支付的均等化模型分析》，《财经科学》2005 年第 8 期。
78. 陈旭佳、冯海波：《刺激消费的财税政策选择》，《涉外税务》2009 年第 1 期。
79. 冯海波、陈旭佳：《公共医疗卫生支出财政均等化水平的实证考察——以广东省为样本的双变量泰尔指数分析》，《财贸经济》2009 年第 11 期。
80. 冯海波、陈旭佳：《主体功能区建设与均等化财政转移支付——以广东为样本的研究》，《华中师范大学学报》（人文社会科学版）2011 年第 3 期。
81. 冯海波、刘勇政：《多重目标制约下的中国房产税改革》，《财贸经济》2011 年第 6 期。
82. 胡德仁、刘亮：《中国地区间财力差异及分解》，《湖北经济学院学报》2007 年第 1 期。
83. 江庆：《省际间财力差距的地区分解和结构分解》，《统计研究》2009 年第 6 期。
84. 田发：《财政转移支付的横向财力均等化效应分析》，《财贸研究》2010 年第 4 期。
85. 陶勇：《政府间财力分配与中国地方财政能力的差异》，《税务研究》2010 年第 4 期。
86. 尹恒等：《中国县级地区财力差距及其影响因素研究》，《北京师范大学学报》（社会科学版）2010 年第 11 期。
87. 吴湘玲、邓晓婴：《我国地方政府财政能力的地区非均衡性分析》，《统计与决策》2006 年第 8 期。
88. 李文星、蒋瑛：《地方政府财政能力的理论建构》，《南开经济研究》2002 年第 4 期。
89. 卢洪友、智莲：《中国地方政府财政能力的检验与评价——基于因子分析法的省际数据比较》，《财经问题研究》2009 年第 5 期。
90. 王绍光、胡鞍钢：《中国国家能力报告》，辽宁人民出版社 1993 年版。
91. 刘汉屏：《论积极财政政策时效》，《财政研究》2002 年第 1 期。
92. 谷成：《财政均等化：理论分析与政策引申》，《经济理论与经济管理》2007 年第 10 期。
93. 周黎安：《晋升博弈中的政府官员的激励与合作》，《经济研究》2004 年第 6 期。
94. 黄佩华：《中国：国家发展与地方财政》，中信出版社 2003 年版。
95. 田发、周琛影：《基层财政解困：一个财政体制变迁的分析框架》，《经济学家》2007 年第 1 期。
96. 高培勇：《公共财政：概念界说与演变脉络》，《经济研究》2008 年第 12 期。
97. 理查德 · M. 伯德等：《财政分权：从命令经济到市场经济》，中央编译出版社 2001 年版。
98. 张通等：《德国政府间财政转移支付制度考察报告》，《财政研究》1997 年第 3 期。
99. 李晓茜：《加拿大的均等化转移支付》，《中国财政》2002 年第 11 期。
100. 李克平：《澳大利亚财政转移支付制度》，《经济社会体制比较》1996 年第 3 期。
101. 张启春：《区域公共服务均等化与政府间转移支付》，《华中师范大学学报》（人文社会科学版）2009 年第 1 期。

102. 冯海波：《委托－代理关系视角下的农村公共物品供给》，《财经科学》2005 年第 3 期。

103. 陈旭佳、冯海波：《借鉴国际经验完善我国财产税税权分配》，《涉外税务》2011 年第 11 期。

104. 陈旭佳：《广东省消费支出、资本收入、劳动收入实际有效税负税收弹性系数测算》，《南方金融》2009 年第 3 期。

105. 刘大帅、甘行琼：《公共服务均等化的转移支付模式选择——基于人口流动的视角》，《中南财经政法大学学报》2013 年第 4 期。

106. 曾红颖：《我国基本公共服务均等化标准体系及转移支付效果评价》，《经济研究》2012 年第 6 期。

107. 王守坤：《中国转移支付体制的公共服务均等化效应：分布演进与计量检验》，《经济经纬》2012 年第 4 期。

108. 陈思霞、田丹：《均衡性转移支付与公共服务供给效率——基于中国地市一级的经验证据》，《华中农业大学学报》2013 年第 3 期。

109. 宋小宁等：《一般性转移支付：能否促进基本公共服务供给?》，《数量经济技术经济研究》2012 年第 7 期。

110. 贾晓俊：《促进公共服务均等化的均衡性转移支付改革方案设计》，《财政研究》2011 年第 6 期。

111. 孙德超：《推进基本公共服务均等化的直接途径：规范转移支付的结构和办法》，《东北师大学报》（哲学社会科学版）2013 年第 4 期。

112. 郑浩生、查建平：《我国财政转移支付制度失效及改革探析——基于公共服务均等化的视角》，《西南交通大学学报》2012 年第 9 期。

113. 黄小平、方齐云：《中国财政对医疗卫生支持的区域差异》，《财政研究》2008 年第 4 期。

114. 吕炜、王伟同：《政府服务性支出缘何不足？——基于服务性支出体制障碍的研究》,《经济社会体制比较》2010 年第 1 期。

115. 吕炜、王伟同:《我国基本公共服务提供均等化问题研究——基于公共需求与政府能力视角的分析》,《财政研究》2008 年第 5 期。

116. 王晓洁:《中国公共卫生支出均等化水平的实证分析——基于地区差别视角的量化分析》,《财贸经济》2009 年第 2 期。

117. 张雷宝:《公共基础设施服务均等化的理论辨析与实证考察》,《财贸经济》2009 年第 2 期。

118. 谢京华:《论主体功能区与财政转移支付的完善》,《地方财政研究》2008 年第 2 期。

119. 王双正、要雯:《构建与主体功能区建设相协调的财政转移支付制度研究》,《中央财经大学学报》2007 年第 8 期。

120. 贾康:《推动我国主体功能区协调发展的财税政策》,《经济学动态》2009 年第 7 期。

121. Alice M. Rivlin, "Economics and the Political Process", *The American Economic Review*, Vol. 50, 1/1987, 1—10.

122. Anand Sudhir, *Inequality and poverty in Malaysia: Measurement and decomposition*, Oxford University Press, 2007.

123. Anthony Shorrocks and James Foster, "Transfer Sensitive Inequality Measure", *The Review of Economic Studies*, Vol. 54, 3/1985, 485—497.

124. Anthony Shorrocks and James Foster, "Subgroup Consistent Poverty Indices", *Econometrica*, Vol. 59, 3/1991, 687—709.

125 Boadway R, "The Theory and Practice of Equalization", *CESifo Economics Studies*, Vol. 50, 2004, 211—254.

126. Bert Hofman and Susana Cordeiro Guerra, "Ensuring Inter – Regional Equity and Poverty Reduction. Fiscal Equalization: Challenge in the design of Intergovernmental Transfers", *Springer Science Business Media*, LLc, 2007.

127. Buchanan, "Federalism and Fiscal Equity", *American Economic Re-*

view, Vol. 40, 1950, 583—599.

128. Buchanan, "Central Grants and Resource Allocation", *Journal of Political Economy*, Vol. 60, 1952, 208 - 217.

129. Bob Searle, "Federal Fiscal Relations in Australia", *Paper Present at International Centre for Economic Research*, 2002.

130. B. Dahlby and L. S. Wilson, "Fiscal Capacity, Tax Effort, and Optimal Equalization Grants", *The Canadian Journal of Economics*, Vol. 27, 3/1994, 657—672.

131. Dennis Tao Yang, "Education and allocative efficiency: Household income growth during rural reforms in rural China", *Journal of Development Economics*, Vol. 74, 2004, 137 - 162.

132. Elinor Ostrom and Larry Schroeder, *Institutional incentives and sustainable development: infrastructure policies in perspective*, Boulder, Colo.: Westview Press, 1993.

133. Grand J. L., *The Strategy of Equality: Redistuibutition and the Social Services*, Allen and Uniwin, London, 1982.

134. Jeffrey D. Petchey and Sophia Levtchenkova, "Fiscal Capacity Equalization and Economic Efficiency: The Case of Australia", *Springer Science Business Media, LLc*, 2007.

135. Jeff Petchey and Sophia Levtchenkova, "Fiscal Equalisation in Australia: Proposals for an Efficiency-based System", Vol. 23, 2/2004, 189—200.

136. Kam K. and Dennis P., "Non - Hierarchical Bivariate Decomposition of Theil Indexes", Centre for Efficiency and Productivity Analysis, Working Paper, Vol. 03, 2007.

137. Lily L. Tsai, "Solidary groups, informal accountability, and local public goods provision in rural China", *American Political Science Review*, Vol. 101, 2/ 2007, 355—372.

138. Musgrave, R. A., *The Theory of Public Finance*, McGraw-Hill, New York., 1959.

139. Nico Heerink and Xiaobin Bao, "Soil and Water conservation investment and rural development in China", *China Economic Review*, Vol. 20, 2009, 288—302.

140. Oates, W. E., "Fiscal Federalism", *Harcourt Brace Jovanovich*, New York, 1972.

141. Paul W. Barkley, "Public goods in rural area: problem, policy and population", *Am. J. Agr. Econ*, Vol. 12, 1974, 1135—1142.

142. Philip H. Brown and Albert Park, "Education and poverty in rural china", *Economics of Education Review*, Vol. 21, 2002, 523—541.

143. Renfu Luo and Linxiu Zhang, "Election, fiscal reform and public goods provision in rural China", *Journal of Comparative Economics*, Vol. 35, 2007, 583—611.

144. Ronald John Hy and Cindy Boland, "Measuring Revenue Capacity and Effort of County Governments", *Public Administration Review*, Vol. 53, 3/ 1993, 220—227.

145. Robin Boadway, "The Theory and Practice of Equalization", *Economic Studies*, Vol. 50, 1/ 2004, 211—246.

146. Searle, "Revenue Sharing, Natural Resources and Fiscal Equalization", Andrew Young School of Policy Studies, Georgia State University, Working Paper, 2004, 4—16.

147. Smart, M., "Some Notes on Equalization Reform", Department of Economics, University of Toronto, Working Paper, 2005.

148. Tiebout, "A Pure Theory of Local Expenditures", *Journal of Political Economy*, Vol. 64, 1956, 416—424.

149. Xiaobo Zhang and Shenggen Fan, "Public investment and regional equality in rural China", *Agricultural Economics*, Vol. 30, 2004, 89—100.

150. Pedro Conceicao and James K. Galbraith, "Constructing Long and Dense Time-Series of Inequality Using the Theil Index", *Eastern Economic Journal*, Vol. 26, 1/ 2000.

后 记

本书是在我博士论文的基础上修改而成的。这里我要借这本书的出版感谢我的老师、同学、同事和亲人。

首先要衷心感谢的是我的导师刘昆老师。导师渊博的专业知识，严谨的治学态度，精益求精的工作作风，诲人不倦的高尚师德，朴实无华、平易近人的人格魅力对我影响深远。导师不仅授我以文，而且教我做人，赋予我终身受益无穷之道。本书从选题到完成，几易其稿，每一步都是在导师的指导下完成的，在此我向我的导师刘昆教授表示深切的谢意与祝福！

感谢暨南大学财税系的於鼎丞老师。於鼎丞老师多年来对我学习和研究的悉心指导和谆谆教诲令我终身受益。在攻读博士学位期间，於老师实事求是的学术作风、敏锐的科学洞察力、高尚的道德情操以及为人师表的风范，给了我巨大的启迪、鼓舞和鞭策，并将成为我人生道路上的楷模。值此本书完成之际，谨向於鼎丞老师表示我崇高的敬意和衷心的感谢，并诚挚地祝愿於鼎丞老师和夫人王明珠老师身体安康，阖家幸福！

感谢暨南大学财税系的冯海波老师。冯海波老师以其渊博的学识、严谨的治学态度、求实的工作作风和他敏捷的思维给我留下了深刻的印象，我再一次感谢冯海波老师对我的亲切关怀和悉心指导。本书从选题到完成，冯海波老师都始终给予我细心的指导和不懈的支持。多年来，冯海波老师不仅在学业上给我以精心指导，同时还在思想、生活上给我以无微不至的关怀，在此谨向冯海波老师致以诚挚的谢意和崇高的敬意。

感谢暨南大学所有教育过我的老师！你们传授给我的专业知识是我不断成长的源泉，也是完成本书的基础。

感谢一直关心与支持我的同学和师兄师弟门，感谢你们的鼓励和帮助，感谢你们给予我的所有关心和帮助。同窗之谊，我将终生难忘！

感谢广州市社会科学院的领导和同事，特别感谢李江涛书记为本书作序。感谢各位领导和同事在我从事科研工作以来给予的指导与帮助，感谢广州市社会科学院经济研究所的张强所长、郭艳华副所长、卢晓媚教授、阮晓波副教授、周晓津博士、陈翠兰和邱志军在我工作和生活方面给予的帮助。

感谢我的父母，给予我生命并竭尽全力给予了我接受教育的机会，养育之恩没齿难忘。感谢我的妹妹，妹妹在生活上的关怀和精神上的鼓励是我学习的动力。

承蒙中国社会科学出版社的支持和帮助，这本专著能够面世，在此表示由衷的感谢和敬意。

陈旭佳

2014 年 4 月

于广州市社会科学院